AF165998

Bildquellenverzeichnis

S. 10: Paris © Beboy – Fotolia.com; S. 10: Österreich © Frank – Fotolia.com; S. 10: Spanien © Darren Baker – Fotolia.com; S. 10: Polen © Masson – Fotolia.com; S. 10: London © rabbit75 fot – Fotolia.com; S. 11: Dänemark © Rikke – Fotolia.com; S. 11: Griechenland © sborisov – Fotolia.com; S. 11: Finnland © pure.passion.photo – Fotolia.com; S. 11: Niederlande © Jenifoto – Fotolia.com; S. 11: Rom © scaliger – Fotolia.com; S. 12, 13: Kind mit Helm, Vater und Sohn © WavebreakermediaMicro – Fotolia.com; S. 12: Brandenburger Tor © kameraauge – Fotolia.com; S. 12: ICE © Caro / Hechtenberg – Fotofinder.com; S. 18: Briefkasten © Acremead – Fotolia.com; S. 39: Maren © privat; S. 39: Ketten © colourbox.com; S. 39: Figuren © fotofun – Fotolia.com; S. 40, 41: Murat am Tisch, Murat Porträt, Murat fällt hin © Juanimonino – iStock; S. 40: Mädchen © pete panham – Fotolia.com; S. 47: Präriekraniche © Steve Byland – Fotolia.com; S. 56, 57: Weltraum © kevron2001 – Fotolia.com; S. 56, 57: Erde und Mond © M.Rosenwirth – Fotolia.com; S. 57: Ebbe, Flut © Musat – iStock; S. 73: Nest mit Kuckuckei, Kuckuck – Fütterung © Gerhart Dagner/OKAPIA; S. 73: Kuckuck – Eiwurf © David Hosking/FLPA/OKAPIA; S. 73: Kuckuck © Hans Reinhard/ OKAPIA; S. 79: Marion Kempf © Marion Kempf; S. 79: Icon Pferd © vektorisiert – Fotolia.com; S. 81: Neuntöternest mit Kuckucksei, Goldammernest mit Kuckucksei, Gartenrotschwanznest mit Kuckucksei © Rainer Zenz – commons.wikimedia.org; S. 83: 3 Bohnensorten © Mildenberger Verlag; S. 88: Wachstumsphasen des Löwenzahns © Jürgen Fälchle – Fotolia.com; S. 89: Löwenzahnsalat: © photocrew – Fotolia.com; S. 90: Streamers, Confetti & Balloons Color © Jan Engel – Fotolia.com; S. 90: Zwiebel © yurakp – Fotolia.com; S. 90: Petersilie © oldbunyip – Fotolia.com; S. 90: Sellerie © fotomatrix – Fotolia.com; S. 90: Rosenkohl: © olyna – Fotolia.com; S. 90: Kopfsalat © gavran333 – Fotolia.com; S. 90, 97: Weißkohl © Tim UR – Fotolia.com; S. 90: Kürbis © anitasstudio – Fotolia.com; S. 90, 97: Paprika © eyetronic – Fotolia.com; S. 90: Melisse © photocrew – Fotolia.com; S. 90: Majoran © Jiri Hera – Fotolia.com; S. 91: Buche © AVTG – iStock; S. 91: Buchenblätter © Wolfilser – stock.adobe.com; S. 92: Buchenblatt © Wolfilser – stock.adobe.com; S. 92: Bucheckern © womue – Fotolia.com; S. 92: Eichenblätter © Sandra Michalec – Fotolia.com; S. 92: Eicheln © TADDEUS – Fotolia.com; S. 92, 93, 97: Rote Waldameise © emer – Fotolia.com; S. 93: Ameisenhaufen © jörn buchheim – Fotolia.com; S. 93: Ameise (Nahaufnahme) © Antrey – Fotolia.com; S. 94: Wanderalbatros © HH Harrison – commons.wikimedia.org; S. 94: Spirit of St. Louis © mauritius images / Alamy / Aviation History Collection; S. 94: Otto Lilienthal © commons.wikimedia.org; S. 95: Airbus 380 © The Photos – Fotolia.com; S. 95: Hängegleiter © meonfriday – Fotolia.com; S. 97: Eichenblatt mit Eicheln © Dionisvera – Fotolia.com; S. 118: Watzmann © AndreasWeber – iStock; S. 120: Old paper sheet © cranach – Fotolia.com; S. 126: Rupien © Mivr – Fotolia.com; S. 126: Reispflanzerin © V.R.Murralinath – Fotolia.com; S. 144: Gans © Denis-Nata – Fotolia.com; S. 144 Gänseküken © fotomaster – Fotolia.com; S. 144: Gans im Flug links © hirron – Fotolia.com; S. 144: Gans im Flug rechts © Kimsonal – Fotolia.com; S. 144, 145: Maiskörner © evegenesis – Fotolia.com; S. 145: Setbilder – Nils Holgersson © NDR; S. 149: Christine Nöstlinger – Porträt © CONTRAST – action press gmbh & co.kg; S. 149: Buchcover „Die feuerrote Friederike" © S.Fischer Verlag GmbH, Frankfurt a.M., 2014 erstmals erschienen 1970 im Verlag Jugend und Volk; S. 161: Sankt Martin – Mosaik © Rotatebot – commons.wikimedia.org; S. 169: Winterbaum © Martina Berg – Fotolia.com; S. 169: Krähen im Baum © Nadzezhda Bolotina – Fotolia.com

Die Symbole bedeuten:

 Ich – Du – Wir

Eine Aufgabe wird in drei Schritten bearbeitet:
a) Arbeite allein an einer Teilaufgabe.
b) Arbeite mit einem Partner an einer Teilaufgabe.
c) Arbeite mit der ganzen Klasse.

 Klassengespräch

Die ganze Klasse spricht über ein Thema und findet gemeinsam eine Antwort.

 Partner- oder Gruppenarbeit

Arbeite mit einem Partner oder in einer kleinen Gruppe.

 **Über Lernen sprechen**

Sprich in der Klasse darüber, was du schon kannst oder noch üben musst, und darüber, was die anderen schon können oder noch üben müssen.

ABC der Tiere 2

Le**sen** in Sil**ben**
Lesebuch

Herausgegeben von
Klaus Kuhn

Erarbeitet von
Katrin Herter, Klaus Kuhn

Illustriert von
Ingrid Hecht

Mildenberger

Zum Lesebuch gehören

Materialien für Schülerinnen und Schüler		Bestell-Nr.
Lesebuch	Print	2402-30
Digital-Lizenz, 15 Monate	2402-307
Print-Plus-Lizenz	2402-3075

Materialien für Lehrerinnen und Lehrer	
Handbuch zum Lesebuch	2402-34
Folien zum Lesebuch (und Sprachbuch)	2402-36

Impressum

Bestell-Nr. 2402-30 ISBN 978-3-619-24230-6
erarbeitet von Katrin Herter, Klaus Kuhn nach der Ausgabe
„ABC der Tiere 2 · Lesen in Silben – Lesebuch" (2402-90)
von Irene Fink, Rosmarie Handt, Katrin Herter, Klaus Kuhn,
Kerstin Mrowka-Nienstedt, Edmund Wetter

Auflage	7	6	5	4
Jahr	2025	2024	2023	2022

Alle Rechte vorbehalten
© 2014 Mildenberger Verlag GmbH, 77610 Offenburg
www.mildenberger-verlag.de
E-Mail: info@mildenberger-verlag.de

Das Werk und seine Teile sind urheberrechtlich geschützt. Jede Nutzung
in anderen als den gesetzlich zugelassenen Fällen bedarf der vorherigen
schriftlichen Einwilligung des Verlages. Hinweis zu § 52 a UrhG: Weder das
Werk noch seine Teile dürfen ohne eine solche Einwilligung eingescannt
und in ein Netzwerk eingestellt werden. Dies gilt auch für Intranets von
Schulen und sonstigen Bildungseinrichtungen.

Redaktion: Stefanie Drecktrah
Grafik: Mildenberger Verlag GmbH
Illustrationen: Ingrid Hecht, 30163 Hannover
Druck: aprinta Druck GmbH, 86650 Wemding
Gedruckt auf umweltfreundlichen Papieren

Markieren die farbigen Silben die Worttrennung?

Die farbigen Silben zeigen die Sprech-Silben eines
Wortes an. In den allermeisten Fällen ist das
identisch mit der möglichen Worttrennung am
Zeilenende. In erster Linie bei der Trennung einzel-
ner Vokale (a, e, i, o, u; z. B. E-va, O-fen, Ra-di-o)
gibt es einen Unterschied: Nach der aktuellen
Rechtschreibung werden diese am Zeilenende
nicht abgetrennt. Da diese Wörter aber mehrere
Sprech-Silben haben, sind diese auch mit zwei
Farben gekennzeichnet:
Eva, Ofen, Radio, beobachten.

Inhalt

Lesetipps im Überblick   6
Wir führen ein Lesetagebuch   7

Ferienende und Schulbeginn   8

Kartengrüße aus den Ferien   8
Kartengrüße aus Europa   9
Allein mit der Bahn   12
Das beste Fundstück   14
Jule und der Wunderstein   16
Ferienende und Schulbeginn – mit Texten umgehen   18

Ich – Du – Wir   20

Ich bin ich   21
Drei Ameisen und der Elefant   22
Nina und das Gänseblümchen   23
Meine Füße sind der Rollstuhl   24
Kai will nicht zum Kaufmann gehen   28
Die Geschichte vom Schmetterling   30
Wie Franz das Piepsen besiegte   32
Die Torte   36
Maren   39
„Murat ist doof"   40
Ich – Du – Wir – mit Texten umgehen   42

Erlebt – geträumt – erfunden   45

Mio bei den Prärieindianern   46
Kapitän Kralle   51
Ebbe und Flut   56
Der Ritt durch die Wüste   58
Der Computer-Arbeitsplatz   61
Ohne Worte   62
Erlebt – geträumt – erfunden – mit Texten umgehen   63

Inhalt

Kinder und Tiere   66

Ein Welpe kommt ins Haus	67
Der Kuckuck – ein seltsamer Vogel	71
Endlich Reitstunden!	75
Pferde helfen Menschen	79
Kinder und Tiere – mit Texten umgehen	80

Die Welt um uns   82

Wie die Bohnen wachsen	83
Die Wiese, ein kleiner Dschungel	85
Was ist eine Wiese?	87
Der Löwenzahn hat viele Namen	88
Gemüseball	90
Mit dem Förster im Wald	91
Die Rote Waldameise	93
Der Traum vom Fliegen	94
Die Welt um uns – mit Texten umgehen	96

Märchenhafte Welten   98

Der gestiefelte Kater	99
Frau Holle	107
Joshi, der Steinmetz	114
König Watzmann	117
Märchenhafte Welten – mit Texten umgehen	119

Kinder der Welt – ein Projekt   121

Ein Kind aus Indien erzählt	122
Hunger und Armut in Indien heute	126
Kinder aus Deutschland erzählen	127
Kinder der Welt – ein Projekt – mit Texten umgehen	129

Inhalt

Rund um Bücher und Medien 131

Nils Holgerssons wunderbare Reise	132
Wir erstellen ein Hörbuch	142
Filmtiere für Nils Holgersson	144
Worüber der Franz unzufrieden ist	146
Steckbrief Christine Nöstlinger	149
Besuch in der Stadtbücherei	150
Rund ums Buch – mit Texten umgehen	155

Gedichte und Feste im Jahreskreis 157

Wenn ein Löwe in die Schule geht	158
Der Herbst steht auf der Leiter	159
Der Wind vor dem Richter	160
Sankt Martin reitet durch Schnee und Wind	161
Nikolauslegende	162
Nikolausgedicht	163
Bayerisches Weihnachtsgedicht	164
Wer kommt zur Weihnachtszeit?	165
Die Zwölf mit der Post	166
Winterbild	169
Frühling	170
Ostern	171
Zum Muttertag	172
Sommer	173
Gedichte und Feste im Jahreskreis – mit Texten umgehen	174
Quellenverzeichnis	177

Lesetipp 1 – Genaues Lesen

Lies nicht zu schnell. Stelle dir nach jedem Satz vor, was geschieht.
Frage nach, wenn du etwas nicht verstehst.
Du kannst dich auch im Wörterbuch oder Internet informieren.

Lesetipp 2 – Überschrift und Bilder beachten

Vor dem Lesen: Beachte die Überschrift und die Bilder zu einem Text.
Sie verraten dir viel über das, was in der Geschichte geschieht.

Lesetipp 3 – Personen gut kennenlernen

Lerne jede wichtige Person in einer Geschichte gut kennen.
Beachte, was sie tut. Überlege, was sie denken könnte.

Lesetipp 4 – Sachtexte verstehen

Stelle einem Partner Fragen zum Text, dann verstehst du selbst den Inhalt besser.

Lesetipp 5 – Eigene Kenntnisse einbringen

Was weißt du schon über das Thema? Hast du eigene Erfahrungen?
Deine Kenntnisse nutzen dir und auch deinen Mitschülern.

Lesetipp 6 – Umgang mit längeren Texten

Lies einen längeren Text in Absätzen. Schreibe zu jedem Absatz eine Überschrift oder
ein paar Stichwörter. So erhältst du einen Überblick über den ganzen Text.

Lesetipp 7 – Auf fett gedruckte Wörter achten

Wichtige Wörter sind oft fett gedruckt, unterstrichen oder eingefärbt.
Das hilft dir, den Text besser zu verstehen.

Lesetipp 8 – Vorlesen

Sprich beim Vorlesen und Vortragen deutlich.
Beachte: Beim Punkt geht die Stimme nach unten, beim Komma nicht.
Mache nach jedem Satz eine Pause. Achte auch auf das Fragezeichen und
das Ausrufezeichen.

Lesetipp 9 – Gedichte laut sprechen

Lies jedes Gedicht laut. Erst dann bemerkst du deutlich, wie es klingt und
was es sagen will.

Lesetipp 10 – Auswendiglernen

Sprich immer laut mit, wenn du ein Gedicht auswendig lernst. Schreibe dir in jeder Zeile
eine Erinnerungshilfe auf, z. B. das erste und das letzte Wort (= Reimwort).
Du kannst auch etwas dazu malen.
Verdecke mit einem Blatt immer mehr deiner Hilfen, bis du alles auswendig kannst.

Wir führen ein Lesetagebuch

1 Die Klasse 2c hat beschlossen, „Nils Holgerssons wunderbare Reise"
von Selma Lagerlöf gemeinsam zu lesen.
Dann ist es gut, ein Lesetagebuch zu führen:
Legt einen Zeitraum von drei bis vier Wochen fest.
5 Teile deine Lesezeiten selbst ein
und schreibe nach jedem Leseabschnitt gleich auf,
was du dazu meinst. Ein kleines Heft eignet sich gut dafür.

Wenn alle das Buch fertig gelesen haben, sprecht ihr darüber.
Das Tagebuch ist eure Erinnerungshilfe. Ihr könnt die Lesetagebücher
10 auch austauschen und andere Meinungen kennenlernen.

Vorschläge für Tagebucheinträge
- Welche Personen oder Tiere kommen vor?
- Erzähle den Leseabschnitt kurz nach.
- Male ein Bild dazu (Person, Tier, Ort ...).
15 - Schreibe eine Textstelle ab, die du besonders schön, spannend,
lustig oder traurig findest.
- Notiere die Seitenzahl einer Stelle, die du vorlesen willst.
- Erzähle, was die Hauptperson gerade fühlt und denkt.
Kurz: Trage alles ein, was dir im Leseabschnitt gefällt oder nicht gefällt.
20 Gib immer die Seitenzahlen des Abschnitts an.

Nils Holgerssons wunderbare Reise
von Uli Liptow

Personen und Tiere,
die im Buch vorkommen

Nils Holgersson
die Eltern
das Wichtelmännchen (bis S. 121)

1. Leseabschnitt (Seite 118 – 121)

Ich finde Nils richtig gemein,
weil er die Tiere so ärgert und
den Eltern gar nicht hilft.
Auch beim Wichtelmännchen
glaubt er, dass er es ärgern kann.
Aber jetzt wird er bestraft.

Große Ferienausstellung

Was mache ich am liebsten?
Wo fahre ich gern hin?
Was gibt es da?
Was gibt es zu Hause nicht?
Was bringe ich mit?

Ferien

Ferienende und Schulbeginn

An den Papa

Pa, ich schreibe dir aus Bern,
und das heißt: Ich bin dir fern.
Dabei hab ich dich so gern
wie sonst keinen andern Herrn.

An die Mama

Liebe Mama, hier auf Föhr
gibt es jede Menge Meer.
Aber du – du fehlst mir sehr.
Komm doch her.

An die Oma

Oma, diese Fahrt ist klasse
und dank dir bin ich bei Kasse,
kann mir mal was extra gönnen,
lern dabei die Gegend kennen,
denk an dich und hab dich lieb –
tschüss, dein Enkel, der dir schrieb.

Irmela Brender

Kartengrüße aus Europa

Salutation de Paris

Grüße aus Österreich

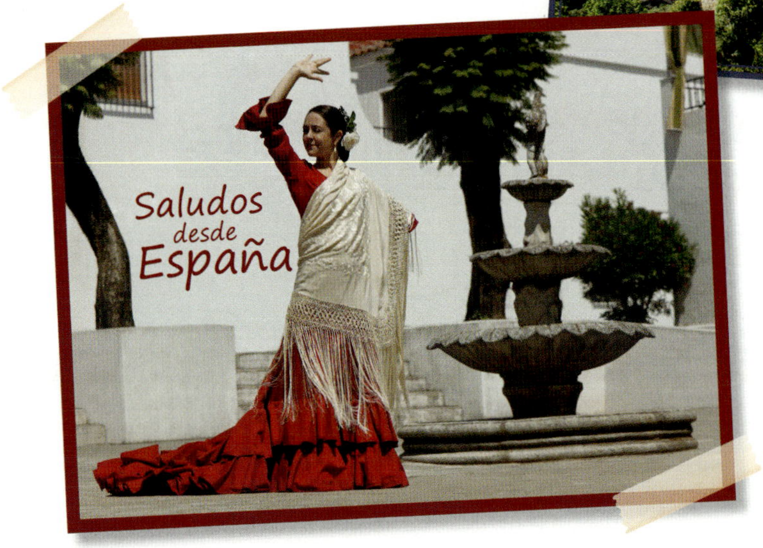

Saludos
desde
España

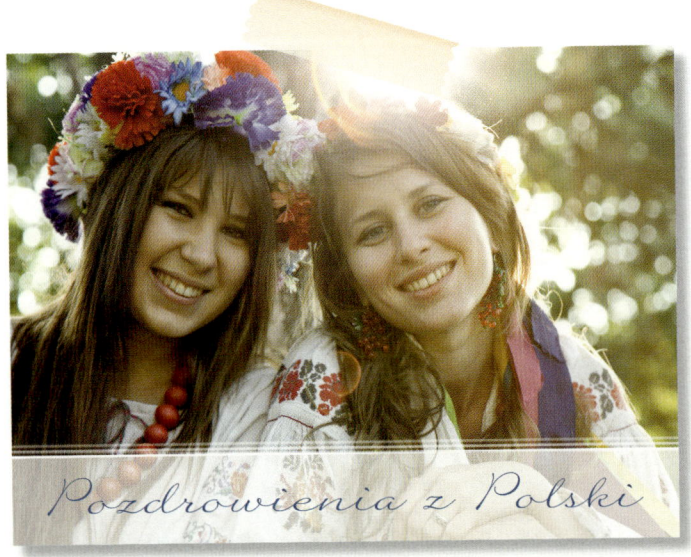

Pozdrowienia z Polski

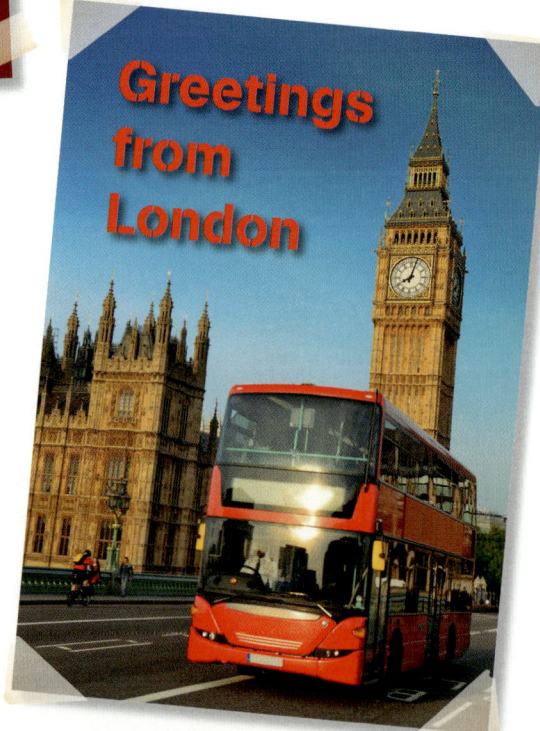

Greetings
from
London

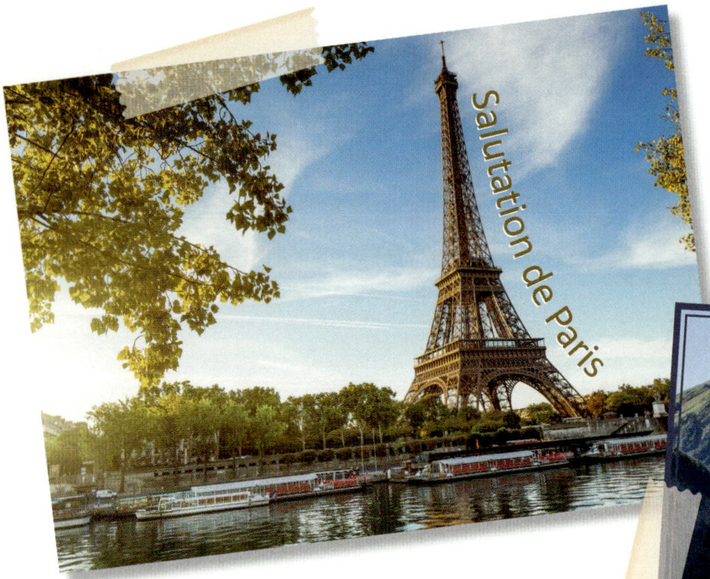

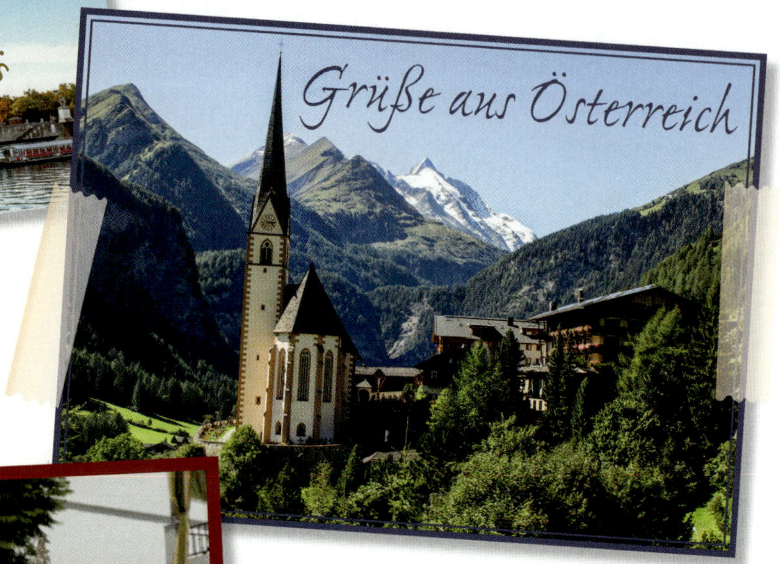

Hilsen fra
Danmark

Χαιρετίσματα από την Ελλάδα

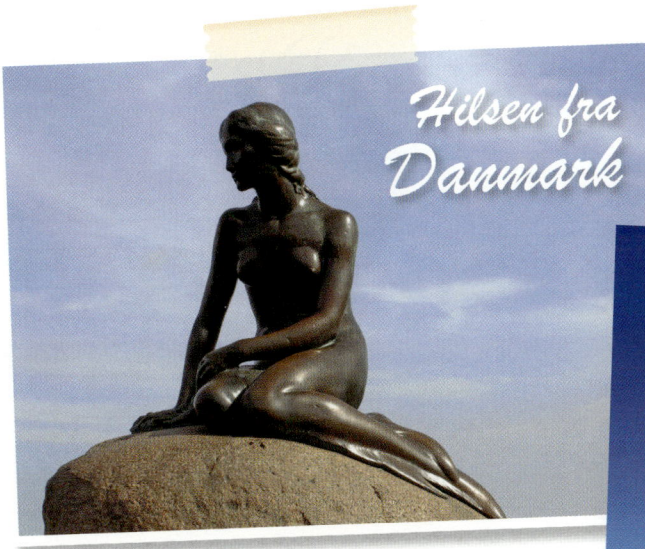

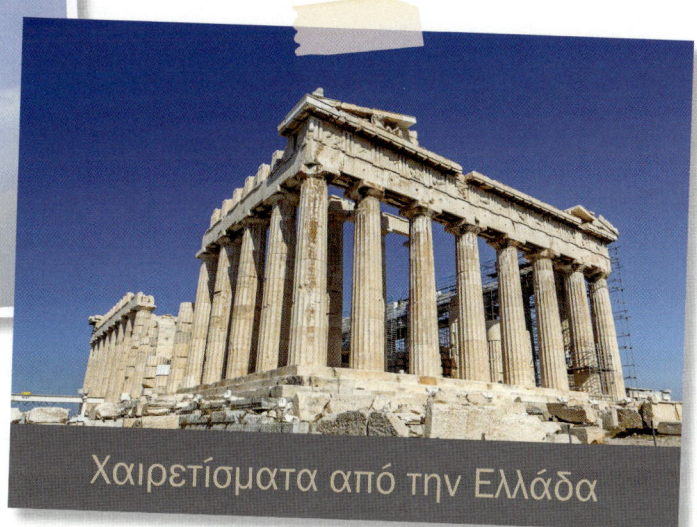

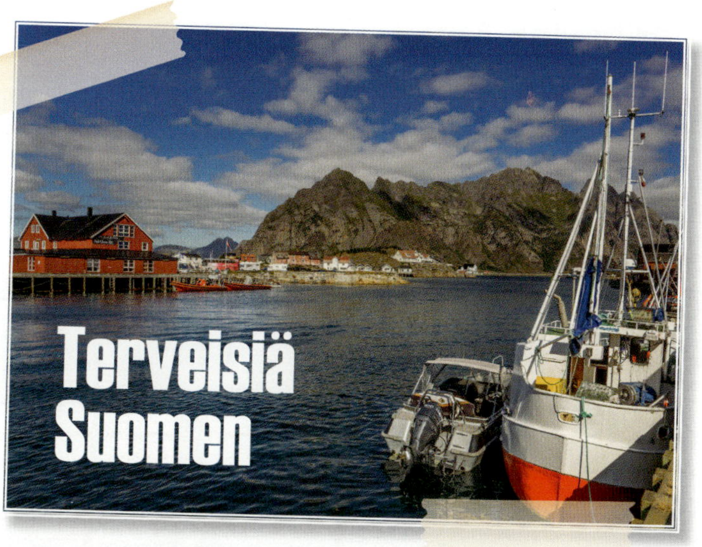
Terveisiä
Suomen

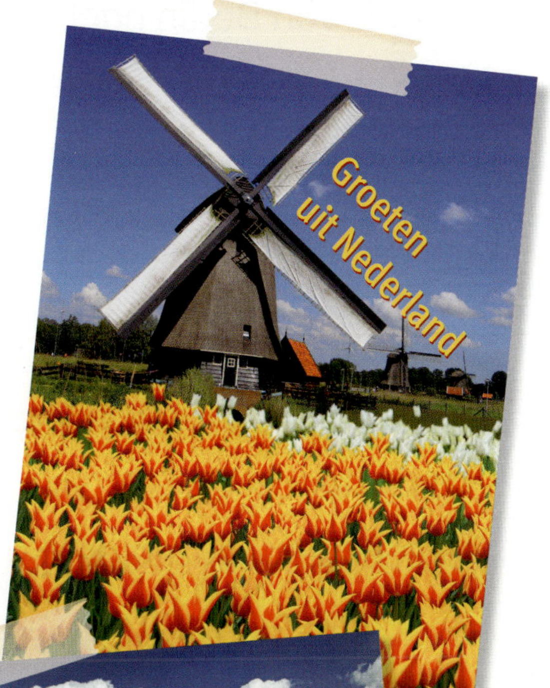
Groeten
uit Nederland

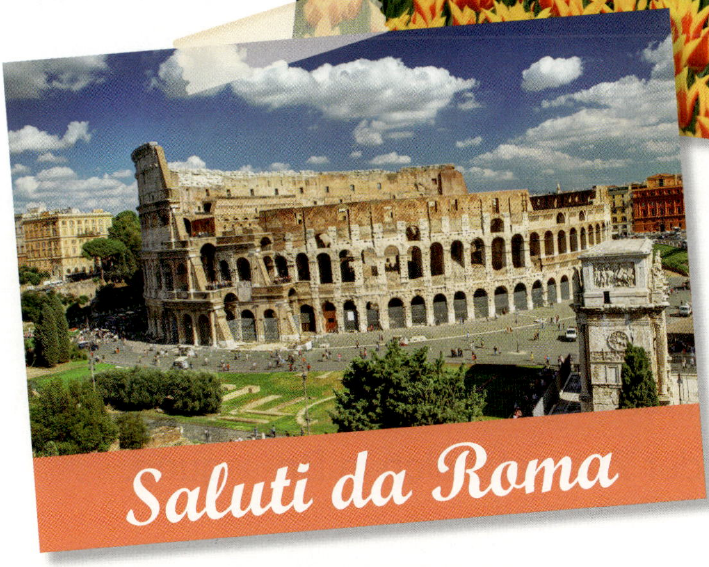
Saluti da Roma

Allein mit der Bahn

1 Linus lebt mit seiner Mutter in Berlin.
   Gestern war der letzte Schultag.
   Papa und Mama sind geschieden,
   deshalb darf Linus in der nächsten Woche
5 Papa in München besuchen.
   „Ich werde allein mit dem Zug fahren",
   verkündet er stolz seinem Freund Markus.

   Am Samstag ist es endlich so weit.
   Linus hat vor Aufregung in der Nacht nicht richtig schlafen können.
10 Nach dem Frühstück fährt er mit seiner Mutter zum Bahnhof.
   Der ICE von Berlin nach München steht schon bereit.
   Mama trägt den schweren Koffer bis ins Abteil.
   Sie hält Linus an der Hand und sagt ihm immer wieder,
   was er tun und lassen soll.
15 „Schlafe nur nicht ein!"
   „Steig' erst in München aus, ja nicht vorher."
   „Sei zu den anderen Fahrgästen höflich."
   „Merke dir die Sitzplatznummer,
   wenn du zur Toilette gehen musst."
20 Linus sagt nur: „Ja, ja … mach ich schon!"

   Da ertönt die Stimme aus dem Lautsprecher:
   „Bitte in den ICE nach München einsteigen!
   Türen schließen automatisch!"
   Rasch verlässt Mama den Wagen.
25 Nach fünf Signaltönen schließen die Türen
   und der Zug setzt sich in Bewegung.

Linus schaut aus dem Fenster. Mama winkt. Linus winkt auch.

Jetzt ist er allein im Abteil, ganz allein.

Er hat plötzlich ein mulmiges Gefühl: Wird er alles richtig machen?

30 „Wenn Mama nur auch mitfahren würde",

wünscht er sich bekümmert – und dann:

„Nicht nur mitfahren soll sie, sondern mit mir

bei Papa Ferien machen. Alle zusammen wie früher."

Er schaut aus dem Fenster.

35 Häuser und Straßen huschen vorbei.

Linus denkt an Papa:

„Das wird bestimmt lustig in München.

Wir werden viel zusammen unternehmen.

Ich freu mich schon darauf."

40 Linus fühlt sich besser. Er macht es sich auf seinem Sitz gemütlich

und erinnert sich an Mamas Ratschlag: „Schlafe nur nicht ein!

Erst in München aussteigen!"

Bahnhof/Haltestelle	Datum	Zeit		Gleis	Produkte
Berlin Hbf (tief)	Sa, 19.04.14	ab	08:40	2	ICE 1207
Halle (Saale) Hbf		ab	10:00	3	Bordrestaurant
Jena Paradies		ab	11:00	1	
Bamberg		ab	12:51	2	
Nürnberg Hbf		ab	13:28	8	
Ingolstadt Hbf		ab	14:01	3	
München Hbf	Sa, 19.04.14	an	14:47	22	

Dauer: 6:07; fährt nicht täglich
Preis: ab 115,00 EUR bis 130,00 EUR 1 Erwachsener, 2. Klasse

Das beste Fundstück

1 Bens Eltern fuhren jedes Jahr ans Meer.
Mal in den Süden, mal in den Norden,
manchmal mit dem Schiff,
manchmal mit dem Flugzeug –
5 aber ans Meer fuhren sie immer.

Ben hätte sich zur Abwechslung
gern mal einen Vulkan angeguckt
oder wäre mit dem Aufzug
in den hundertsten Stock gefahren.
10 Einen Indianer hatte er
auch noch nicht gesehen,
von Eskimos, Eisbären oder
einem richtigen Urwald ganz zu schweigen.
„Das kommt alles noch", sagte sein Vater.
15 Aber in den nächsten Sommerferien
fuhren sie dann wieder ans Meer.

„Gut", dachte Ben, „dann werd' ich eben Meeresforscher."
Und er fing an, sich von jedem Meer ein Marmeladenglas
Sand mitzubringen, eine Keksdose voll Muscheln und
20 Schneckenhäuser und jede Menge Fundstücke.
Seine Eltern schimpften zwar, wenn er ihnen Steine und
Schwämme in die Koffer packte, aber sie schleppten sie mit.

So füllte sich das Regal in Bens Zimmer mit sorgfältig beschrifteten
Sandgläsern, Muscheltellern und vielen kleinen Schachteln
25 voller Schneckenhäuser.

Die Steine legte er in ein großes, mit Wasser gefülltes Einmachglas,
denn sie sahen hübscher aus, wenn sie nass waren.
Besondere Fundstücke bewahrte er in einem Schuhkarton auf, den
er wie eine Schatzkiste angemalt hatte.

30 Krebsscheren lagen da drin, ein Stück Seeigelpanzer,
ein versteinertes Schneckenhaus und ein Foto,
auf dem nicht viel zu sehen war. Wenn man aber genau hinsah,
erkannte man lauter kleine Schneckenhäuser,
die im grünen Wasser an den Felsen klebten.
35 „Was soll denn das Foto?", fragte jeder,
dem Ben seine Schätze zeigte.
„Das ist zur Erinnerung", antwortete Ben dann,
„an das Beste, was ich je gefunden habe."

Diese und andere schöne Geschichten kannst du im Buch
40 „Leselöwen Strandgeschichten" von Cornelia Funke lesen.

Jule und der Wunderstein

1 Jule mag nicht in die Schule gehen. Sie fürchtet sich nämlich.

Nicht vor der Schule. Nein, vor dem langen Robin

und seiner Biker-Bande, die ihr in letzter Zeit

auf dem Heimweg immer aufgelauert hat.

5 Gemein geschubst haben sie sie und mächtig

geärgert. Richtig Angst hat Jule bekommen –

und Angst hat sie auch jetzt.

Grübelnd sitzt sie am Bach

in Omas Garten und starrt ins Wasser.

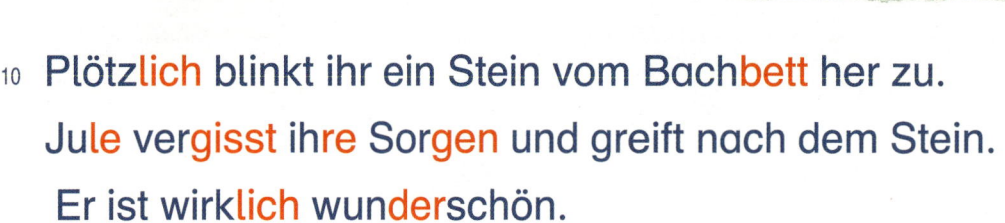

10 Plötzlich blinkt ihr ein Stein vom Bachbett her zu.

Jule vergisst ihre Sorgen und greift nach dem Stein.

Er ist wirklich wunderschön.

„Das ist bestimmt ein Wunderstein", sagt Oma später.

„Nur Wundersteine funkeln so hell."

15 „Kann ein Wunderstein auch zaubern?", fragt Jule. Oma lacht.

„Das Wunder kommt, wenn man es nötig hat", sagt sie.

„Am besten du trägst den Stein immer bei dir.

Es ist nämlich ein Glück, einen Wunderstein zu finden.

Das passiert nicht jedem."

20 Recht glauben kann Jule diese Wundergeschichte ja nicht,

doch sie steckt den Stein – sicherheitshalber – in ihre Hosentasche.

„Mach, dass ich mich nicht so sehr vor der Schule fürchte,

du Wunderstein!", flüstert sie. „Oder noch besser:

Mach, dass das Wochenende nie aufhört!"

25 Aber kein Wunder geschieht. Der Montag rückt näher und
immer größer wird Jules Angst. „Blöder Stein", mault sie.
„Wo ich doch so sehr ein Wunder brauchen könnte!"
Ängstlich geht Jule am Montagmorgen zur Schule.
Plötzlich steht Robin mit seinen Kumpanen wenige Meter vor ihr
30 auf dem Bürgersteig. Ganz komisch wird Jule im Bauch.
Ihre Beine sind weich wie Pudding. Was tun?
Ohne nachzudenken umklammert sie den Wunderstein
in ihrer Hosentasche, reckt den Kopf weit in die Höhe,
pfeift ein Liedchen und marschiert los,
35 Robin und seiner Bande entgegen. Einfach so.

Und komisch: Auf einmal ist Jules Angst wie weggeblasen.
Robin glotzt ganz schön blöd, als Jule so fröhlich pfeifend
an ihm vorbeistolziert. Vor lauter Glotzen vergisst er,
Jule zu schubsen und zu ärgern. Jule wundert sich.
40 Nachdenklich streicht sie über ihren Wunderstein. Sie freut sich.
Und ein schöner Spruch fällt ihr ein. „Ich habe einen Wunderstein,
drum muss ich nicht mehr ängstlich sein."
Wirklich ein schöner Spruch, denkt Jule, und nimmt sich vor,
immer wenn sie sich fürchtet, an diesen Spruch zu denken.
45 Klar, und an ihren Wunderstein natürlich.

Elke Bräunling

Ferienende und Schulbeginn – mit Texten umgehen

Kartengrüße aus den Ferien, S. 9

1. a) Lies die Karten. Welche gefällt dir am besten?

   b) Tausche dich mit einem Partner aus und schreibt
   eine Grußkarte mit Bild.

   c) Präsentiert eure Karten in der Klasse.
   Wählt die fünf schönsten Karten aus und hängt sie auf.

Kartengrüße aus Europa, S. 10/11

1. Welche Stadt, welches Land kennst du schon?
   Erzähle davon.

2. Wohin würdest du gern einmal reisen? Warum?
   Wenn du willst, male eine Grußkarte von diesem Ort.

3. Kannst du einzelne Wörter auf den Karten lesen?

Allein mit der Bahn, S. 12/13

> **Lesetipp 1 – Genaues Lesen**
> Lies nicht zu schnell. Stelle dir nach jedem Satz vor, was geschieht.
> Frage nach, wenn du etwas nicht verstehst.
> Du kannst dich auch im Wörterbuch oder Internet informieren.

1. Warum fährt Linus allein nach München?

2. Wie geht es Linus
   – beim Abschied von Mama? Z. 28 – 33
   – beim Gedanken an Papa? Z. 36 – 39

   Schreibe Sätze.

   | traurig | froh | gespannt | aufgeregt | müde |

   unsicher

3. a) Hast du dich schon einmal wie Linus gefühlt?
   b) Sprich mit einem Partner darüber.
   c) Willst du deine Geschichte der Klasse erzählen?

***Allein mit der Bahn**, S. 12 / 13 (Fortsetzung)*

4. Mama hat Linus einen kleinen Spickzettel mitgegeben,
   damit er sich in Bayern sein Essen selbst bestellen kann.

Berlinerisch		Hochdeutsch	Bairisch	
Schrippe		Brötchen	Semmel	
Bulette		Frikadelle	Fleischpflanzerl	
Pfannkuchen		Berliner	Krapfen	
Broiler		Hähnchen	Gockerl	

Arbeite mit einem Partner.

- Was sagt Linus, wenn er sich in München eine Frikadelle bestellt?
- Was meint er in Berlin mit einem Broiler?

Stellt euch gegenseitig Fragen.

Der Fahrplan Berlin – München, S. 13

1. Beantwortet die Fragen erst selbst.
   - Wie lang dauert die Zugfahrt?
   - Wo hält der Zug um 10:00 Uhr?
   - Kann man im Zug zu Mittag essen?
   - Auf welchem Gleis kommt Linus in München an?
   - Was bedeutet Hbf und ICE? Wenn du nicht weiterweißt, kannst du im Wörterbuch oder Internet nachschauen.

2. Vergleicht dann in der Gruppe und in der Klasse.

Das beste Fundstück, S. 14 / 15

1. Wohin fahren Bens Eltern in jedem Urlaub?
2. Welche Orte würde Ben gern besuchen?
3. Wie bewahrt er seine Reiseandenken auf?
4. Sammelst du auch etwas?

Jule und der Wunderstein, S. 16 / 17

1. Was macht Jule Angst?
2. Warum greift sie nach dem Stein im Bach?
3. Was sagt Oma über den Stein?
4. Wie verhält sich Jule jetzt?
5. Was musst du tun, wenn dich Schüler bedrohen? Sprecht darüber.

Ich – Du – Wir

Ich bin ich

1　Ich bin ich und du bist du.
　Wenn ich rede, hörst du zu.
　Wenn du sprichst, dann bin ich still,
　weil ich dich verstehen will.

5　Wenn du fällst, helf ich dir auf,
　und du fängst mich, wenn ich lauf.
　Wenn du kickst, steh ich im Tor,
　pfeif ich Angriff, schießt du vor.
　Spielst du pong, dann spiel ich ping,

10　und du trommelst, wenn ich sing.
　Allein kann keiner diese Sachen,
　zusammen können wir viel machen.
　Ich mit dir und du mit mir –
　das sind wir.

Irmela Brender

Drei Ameisen und der Elefant

1 Drei Ameisen trafen auf einen Elefanten und beschlossen,
das riesige Ungetüm zu erforschen.
Die erste Ameise krabbelte im Rüssel hoch und wieder herunter,
die zweite kletterte an einem der Beine des Elefanten empor,
5 während die dritte den riesigen Leib des Tieres umrundete.
Als sie sich schließlich am nächsten Morgen wieder trafen,
sagte die erste: „Ich weiß, was ein Elefant ist.
Ein Elefant ist eine gebogene, lange, dunkle Höhle,
in der es feucht ist und ständig ein Wind weht."
10 „Aber nein! Ein Elefant ist eine riesige, gerade Säule,
die bis in den Himmel ragt", sagte die zweite.
Die dritte Ameise widersprach: „Ihr irrt beide.
Ein Elefant ist eine sehr, sehr große Kugel,
die über der Erde schwebt."
15 So redeten und stritten sie lange und
konnten sich doch nicht einigen.

Nina und das Gänseblümchen

1 Nina geht mit dem Vater einkaufen. Er schleppt zwei große Körbe.

Nina schleppt ihren großen Teddy und einen kleinen Korb.

Der Vater geht schnell. Nina stolpert hinter ihm her.

Auf der Straße fahren viele Autos.

5 Die Fahrer schauen nur geradeaus.

Auf dem Gehsteig gehen viele Leute.

Die Leute gucken nur geradeaus.

Da sieht Nina zwischen den Betonplatten ein Gänseblümchen.

Ein winziges Gänseblümchen mit rötlichen Blütenblättern.

10 Das gelbe Herz leuchtet. Der Stängel ist graugrün und dick.

Zwei grüne Blätter hat das Gänseblümchen. Und da unten,

unter den Blütenblättern, versteckt sich eine Knospe.

Die ist fest zu, wie eine Faust.

„Nina!", ruft der Vater. „Komm weiter, mir brechen die Arme ab."

15 „Schau!", ruft Nina und zeigt auf das Gänseblümchen.

Er dreht sich kurz um, schaut und sagt: „Da ist doch nichts!

Komm, bitte!"

Nina möchte gern einen Zaun um das Gänseblümchen

auf dem Gehsteig bauen, damit keiner drauftritt.

20 Aber der Vater geht schon weiter.

Nina rennt hinter ihm her.   Renate Welsh

Meine Füße sind der Rollstuhl

1 Margit liegt im Bett.

Es ist sieben Uhr.

Um acht muss sie frühstücken.

Damit Margit bis dahin angezogen ist,

5 muss sie sofort beginnen.

Sie braucht viel Zeit.

Das **Anziehen** fällt ihr schwer.

Sie erreicht kaum ihre Zehenspitzen.

Endlich geschafft!

10 Margit zieht sich über die Bettkante

in den Rollstuhl.

Sie fährt in die Küche. Das Frühstück steht bereits auf dem Tisch.

„Wo ist die Marmelade?", ruft Margit.

„Sie steht im Schrank", antwortet Mutter.

15 Ihr Vater wohnt seit zwei Jahren nicht mehr bei der Familie.

Margit holt die Marmelade.

Sie hat gelernt, viele Dinge selbst zu tun.

„Fährst du für mich einkaufen?", fragt die Mutter.

„Gerne", freut sich Margit.

20 Das erste Mal alleine zum Einkaufen!

„Was soll ich mitbringen?", fragt sie.

„Einen Liter Milch und sechs Äpfel!"

Stolz fährt Margit davon.

Margit kommt am **Spielplatz** vorbei.

25 Viele Kinder spielen. Gerne würde sie mitspielen.

Eine Gruppe Kinder verspottet einen Jungen. „Fettsack!", rufen sie.

Margit findet es gemein. Der Junge tut ihr leid. Aber sie fährt weiter

zum Supermarkt. Margit spürt, wie die Leute ihr nachschauen.

Ein kleines Mädchen fragt seine Mutter: „Was ist das?",

30 und zeigt auf den Rollstuhl.

Die Mutter zieht das Mädchen weiter und sagt: „Pst, sei still!"

„Ich bin wie alle anderen Kinder!", sagt Margit traurig zu sich selbst.

Sie versteht die Mutter des Mädchens nicht.

An der **Ampel** wartet Margit, bis es grün wird.

35 Dann rollt sie los, kommt aber nur bis zur anderen Straßenkante.

Die Gehsteigkante ist zu hoch. Die Ampel schaltet wieder auf Rot.

Alle Menschen haben es eilig und laufen an ihr vorbei.

Margit hat Angst. Gleich fahren die Autos los.

„Kann ich dir helfen?", fragt der dicke Junge

40 vom Spielplatz. Margit lächelt erleichtert.

„Steig bitte hinten auf das Pedal.

Ich heiße Margit – hilf mir."

„Ich bin Sigi", stellt sich der Junge vor.

Als Margit sicher auf dem Gehsteig ist, bedankt sie sich und

45 rollt weiter. Sie muss noch durch den Park, dahinter befindet sich

der Supermarkt. Im Park sitzt ein älteres Pärchen auf einer Bank.

Mitleidig betrachten sie Margit. „Du armes Ding!", seufzt die Frau.

„Ich bin nicht anders als die anderen Kinder auch!",

ruft Margit den beiden trotzig zu.

50 Am Supermarkt ist eine Rampe.

Margit kann leicht hineinfahren.

Am Obstregal will sie gerade

nach den Äpfeln greifen,

da kommt ihr eine Hand zuvor

55 und reicht ihr die Äpfel.

„Hab ich um Hilfe gebeten?", denkt sie.

„Das kann ich doch selbst!"

Bei der Milch geht es ihr genauso.

Margit ärgert sich. Wütend ruft sie:

60 „Ich möchte meine Milch selbst

aus dem Regal nehmen, so wie die anderen Menschen auch!"

Der Verkäufer blickt sie verständnislos an und schüttelt den Kopf.

Margit versteckt sich **zwischen den Regalen** und weint.

„Sei nicht traurig", sagt eine bekannte Stimme. Es ist Sigi.

65 Er ist ihr neugierig gefolgt. „Die Leute tun so, als wäre ich

der blödeste, ungeschickteste und hilfloseste Mensch auf der Welt.

Ich bin genauso wie die anderen", meint Margit.

„Nein, du bist etwas Besonderes, dein Rollstuhl macht das",

entgegnet Sigi.

70 „Ich bin trotzdem ein ganz normales Kind", beschwört Margit.

„Nein, wir sind anders. Du sitzt im Rollstuhl. Ich bin dick.

Wir haben etwas Besonderes an uns", bemerkt Sigi.

Sigi zieht Margit an der Hand durch den Supermarkt.

Draußen sagt er: „Aber wir können zusammen Spaß haben!"

75 Gemeinsam machen sie sich auf die **Heimfahrt**.

Im Park rollen sie fröhlich an den älteren Menschen vorbei

und schenken der Frau einen Lolli. Die Frau schnappt nach Luft.

„Ich habe einen Freund gefunden und bin glücklich", ruft Margit.

Beim Fußgängerüberweg zupft Margit einen Mann an der Jacke

80 und bittet ihn anstatt Sigi, ihr auf die hohe Kante zu helfen.

Margit spürt ihren **Mut**. Sie freut sich.

Sie weiß nun ganz sicher,

dass sie öfters alleine weggehen kann.

Sigi stellt sich hinten auf den Rolli.

85 Beide sausen die Straße hinunter.

Auch diesmal schauen die Leute.

Diesmal macht es Margit nichts aus.

Franz Josef Huainigg

Kai will nicht zum Kaufmann gehen

1 Wenn Kai zum Kaufmann* gehen soll,
erfindet er immer Ausreden.

Eines Morgens fragt die Mutter:
„Kannst du zum Kaufmann gehen?"
5 Kai schüttelt den Kopf.
„Warum willst du nicht, Kai?",
wundert sich die Mutter.
„Ich bin gerade ein Seehund
auf einer kleinen Eisscholle.
10 Rund um mich herum sind Haifische –
das ist lebensgefährlich!", erwidert Kai.

„Kannst du jetzt einkaufen gehen?",
fragt die Mutter etwas später.
Kai schüttelt den Kopf.
15 „Warum nicht?"
„Ich bin ein Affe auf einem Baum.
Unter mir sitzen böse Tierfänger,
die mich für den Zoo fangen wollen!",
antwortet Kai.

20 „Kannst du jetzt zum Kaufmann gehen?",
fragt die Mutter wieder. Kai schüttelt
den Kopf. „Und was bist du jetzt?",
möchte die Mutter wissen.
„Eine Ente!", sagt Kai
25 und schnattert laut.

* anderer Ausdruck für Supermarkt, Einkaufsladen

Da macht die Mutter die Tür zu. Jetzt kann Kai spielen.
Aber er hat keine Lust mehr. Er macht die Tür auf und
schleicht über den Flur.
Er sucht seine Mutter im Schlafzimmer, im Bad,
30 im Arbeitszimmer, in der Küche.
Kai findet die Mutter im Wohnzimmer.

„Ich habe Hunger!", ruft Kai.
„Für Enten gibt es trockenes Brot!",
meint die Mutter.
35 „Ich bin keine Ente!", sagt Kai.
„Bist du ein Affe?", fragt die Mutter.
„Auch nicht!"
„Bist du ein Seehund?", fragt die Mutter.
„Auch nicht! Ich bin Kai, der Hunger hat!"

40 „Kannst du nun einkaufen gehen?", fragt die Mutter noch einmal.
Da läuft Kai zum Kaufmann und besorgt alles,
auch die Nudeln und den Schinken für das Mittagessen.

Rosemarie Künzler-Behnke

Die Geschichte vom Schmetterling

1 Einmal ist ein Schmetterling aus einem Loch
in der Mauer gekrochen, ein ganz neuer Schmetterling.
Der Schmetterling hatte wunderschöne bunte Flügel,
aber er ist nicht fortgeflogen.
5 Der Schmetterling ist ängstlich
auf der Mauer sitzen geblieben.

Die anderen Schmetterlinge sind an ihm vorbeigeflogen,
der Wind hat sie getragen. Im Sonnenschein tanzten sie
von Blüte zu Blüte und haben sich den Nektar geholt.
10 Aber der neue Schmetterling hatte Angst vor dem Fliegen.

Die Bienen sind um den Schmetterling herumgesummt.
Die Mücken sind um den Schmetterling herumgetanzt.
Und die dicke Hummel ist über dem Schmetterling
durch die Luft gebrummt.

¹⁵ Aber der neue Schmetterling hatte immer noch Angst
vor dem Fliegen. Seine schönen Flügel haben gezittert.
Er hat die Fühler aus seinem Kopf weit ausgestreckt und
sich mit den Beinen an der Mauer festgehalten.

Aber da ist der Wind gekommen.
²⁰ Er hat den schönen neuen Schmetterling
einfach aufgehoben und in die Luft getragen.
Da **musste** der Schmetterling fliegen,
da **konnte** der Schmetterling auf einmal fliegen,
und nun **wollte** der Schmetterling nur noch fliegen
²⁵ und fliegen und fliegen und fliegen,
so herrlich war das.

Ursula Wölfel

Wie Franz das Piepsen besiegte

1 Franz ist sieben Jahre und sechs Monate alt
und hat ein großes Problem.
Immer wenn er aufgeregt ist, wird seine Stimme piepsig.
Manchmal bleibt sie ihm auch ganz weg.

5 An diesem Tag hat der Franz besonders viel Pech.
Er will am Morgen sein **Rechenheft** der Mutter zeigen.
Sie duscht gerade. Der Franz stolpert über ihre Pantoffeln
und das Heft fällt in die Badewanne.
Die Aufgaben vom Franz und die Korrekturen seines Rechenlehrers
10 sind jetzt blaue und rosa Tintenwolken.
Der Vater schreibt an den Lehrer einen Brief, der alles erklärt.
Den steckt der Franz erleichtert in die Hosentasche.
Mit seiner Freundin Gabi
geht er in die Schule.
15 Es regnet stark.
Franz kommt patschnass
in der Schule an.
Der Lehrer sorgt gleich dafür,
dass Franz trockene Kleider
20 aus der Fundkiste anzieht.

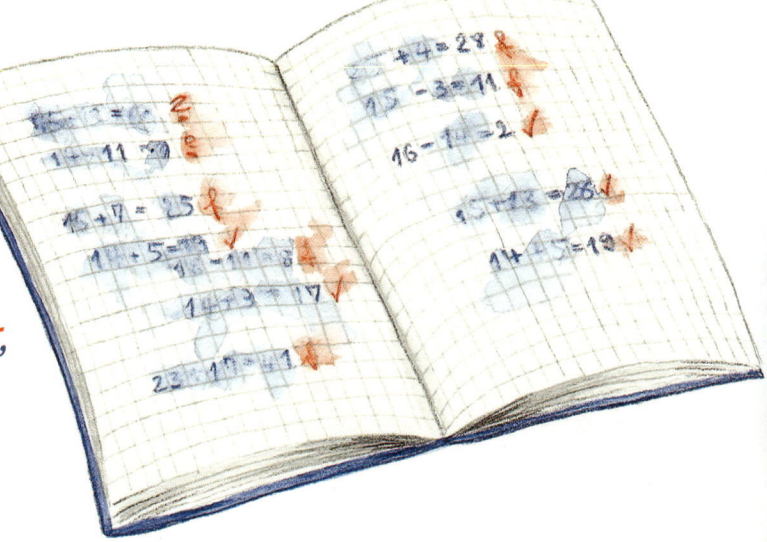

Als der Franz mit den nassen Klamotten über dem Arm
in die Klasse kam, hatte der Zickzack schon mit dem Unterricht
begonnen. Die Rechenaufgaben sammelte er gerade ein.
„Dein Heft!", sagte er zum Franz.

25 Der Franz nickte und griff in die hintere Hosentasche der Jeans
und holte den Brief vom Papa heraus. Der **Brief** war klatschnass!

Keinen einzigen Buchstaben konnte man mehr erkennen.

Nur hellblaue und dunkelblaue Wolken waren auf dem Papier.

Der Zickzack starrte auf die Wolken. „Was soll das?", fragte er.

30 „Hat mein Papa geschrieben!", piepste der Franz.

„Was heißt das?", fragte der Zickzack.

„Dass es meinem Heft so gegangen ist wie dem Brief",

piepste der Franz.

„Rede vernünftig!", rief der Zickzack.

35 „Über die Pantoffeln bin ich gestolpert", piepste der Franz.

„Über welche Pantoffeln?", brüllte der Zickzack.

Da konnte der Franz vor lauter Aufregung nicht einmal mehr piepsen.

Er räusperte sich, aber mehr als ein paar merkwürdige Krächzer

schaffte er nicht.

40 Er hustete. Weil er dachte, er könnte die **Stimme** zurückhusten.

Soviel er aber auch hustete und sich räusperte, die Stimme blieb weg.

„Im Regen verkühlt!", sagte der Zickzack. „Total verkühlt!"

Der Zickzack ging zum Schrank, nahm ein frisches Tafelwischtuch

heraus und wickelte es dem Franz um den Hals.

45 „Hinsetzen, Mund halten, kein Wort reden!", kommandierte er.

Zu Hause ist der Franz sehr unglücklich.
Er geht zu seiner Freundin Gabi.

Die Gabi war die Einzige,
die ihn jetzt trösten konnte.

50 Die Gabi tröstete den Franz nicht nur,
sie gab ihm auch einen guten Rat.
Einen echten Super-Rat!

Am nächsten Tag kam der Franz mit dem Kassettenrekorder
in die Schule.

55 Gleich nach dem Acht-Uhr-Läuten zeigte der Franz auf.*
„Was gibt's?", fragte der Zickzack.
Der Franz nahm den Kassettenrekorder und ging zum Lehrertisch.
Er drückte die ON-Taste.
Ganz laut schallte die Stimme

60 vom Franz durch die Klasse:
„Bitte, mein Rechenheft
ist in die Badewanne gefallen.
Es ist schon wieder trocken,
aber reinschreiben

65 kann ich nichts mehr,
weil das Papier Wellen schlägt."
Dazu machte der Franz
den Mund auf und zu
und auf und zu und auf und zu …

* „Acht-Uhr-Läuten" ist der Gong zum Schulbeginn.
  „Aufzeigen" heißt sich melden.

70 Der Zickzack starrte den Franz an.

Mit weit aufgerissenen Augen starrte er.

Und dann fing er zu lachen an.

Zuerst kicherte er, dann wieherte er,

dann schlug er sich mit den Händen

75 auf die Schenkel,

dann hielt er sich die Hände

auf den Bauch.

Und lachte immer noch.

Tief und scheppernd.

80 Als ob tausend Kieselsteine

in einem Blechfass herumwirbelten,

hörte sich das an.

Und dann nahm er die Brille ab,

wischte sich die Lachtränen

85 aus den Augen, stand auf,

ging zum Schrank und holte

ein neues kariertes Heft heraus.

Er überreichte es dem Franz.

„Bitte sehr, du Wahnsinnsknabe", sagte er und kicherte schon wieder.

90 Der Franz piepste „Danke schön" und ging mit dem Heft

und dem Rekorder zu seinem Pult zurück.

In der Pause dann gratulierten alle Kinder dem Franz.

Sie sagten: „Du bist der Erste, der den Zickzack

zum Lachen gebracht hat. Außer dir schafft das niemand!"

95 Da war der Franz sehr stolz.

Christine Nöstlinger

Die Torte

1 Eines Tages kam Klara zu mir und sagte:

„Weißt du, was es in der Küche gibt?"

Ich wollte es gar nicht wissen. Aber weil sie so fragte, fragte ich:

„Was denn?"

5 „Eine Torte!"

„So eine?", fragte ich

und malte eine Torte.

„Nein, viel größer",

sagte sie, „und viel schöner!"

10 „So eine?" Ich malte eine noch größere Torte.

„Noch größer", sagte sie, „oben mit Sahne!"

Dann gingen wir beide, um die Torte anzusehen.

Es war wirklich eine große Torte.

Mir ist das Wasser im Mund zusammengelaufen.

15 Als wir gerade die Torte bestaunten, kam Mama und sagte:

„Dass ihr beide mir die Torte nicht anrührt!

Wir kriegen Besuch. Tante Emma und Tante Greta kommen."

Und ging Kaffee kaufen.

Wir blieben allein zu Hause, Klara und ich.

20 Wir spielten im Wohnzimmer, dann schlichen wir in die Küche.

„Ich möchte sehen, ob die Torte noch da ist", sagte Klara und

ging zum Kühlschrank. „Vielleicht hat sie jemand geklaut."

Sie öffnete die Tür: Die Torte war noch da.

„Rühr sie nicht an!", sagte ich. „Sie ist für die Gäste."

25 „Ich denke überhaupt nicht daran, sie anzurühren", sagte Klara.

Aber ich sah, dass ihr das Wasser im Mund zusammenlief.

„Ich denke nur, vielleicht ist sie schlecht."

„Nein", sagte ich. „Sie ist gar nicht schlecht."

„Wir wissen das nicht", beharrte Klara.

30 „Die ganze Welt weiß, dass Torten sehr schnell schlecht werden.

Dann werden sich die Tanten vergiften", sagte Klara.

Ich wollte nicht, dass sich Tante Emma und Tante Greta vergiften,

und fragte: „Was sollen wir dann tun?"

„Ganz einfach", sagte Klara. „Wir sollten die Torte probieren."

35 „Gut", sagte ich. „Probieren wir sie!"

Wir holten die Torte aus dem Kühlschrank und Klara sagte:

„Ich probiere die linke Seite und du die rechte Seite."

Wir haben probiert. Es schmeckte gut.

„Weißt du, Klara, die Torte ist nicht schlecht geworden",

40 stellte ich fest, „die Tanten werden sich nicht vergiften."

Klara stimmte mir zu.

„Aber wir können nur von diesen beiden Seiten sprechen",

sagte sie. „Wie sind aber die anderen?"

Jetzt probierten wir die Torte von allen Seiten.

45 Und stellten nichts Verdächtiges fest.

„Sie ist", sagte ich, „an allen Seiten gut."

„Ja", sagte dann Klara, „an den Seiten ist die Torte gut.

Aber Sahnetorten werden am schnellsten in der Mitte schlecht."

Wir nahmen ein Messer und schnitten die Torte auf.

50 Und probierten sie in der Mitte.

Als Mama die Torte sah, blieb sie mit offenem Mund stehen.

„Wir wollten nicht, dass die Tanten sich vergiften", erklärten wir.

„Fresst jetzt alles auf", sagte Mama, „ihr Ferkel!"

Wenn sie das so sagt, tun wir es auch.

55 Wir haben weitergegessen und die ganze Torte aufgegessen.

Dann hat uns der Bauch weh getan.

„Siehst du", sagte Klara zu mir, „die Torte war schlecht!"

Weitere Geschichten findet ihr in „Ich und meine Schwester Klara"
von Dimiter Inkiow.

Wer ist schon normal?

Maren – ein Kind mit Downsyndrom

1 Maren ist 10 Jahre alt. Sie besucht eine Klasse der Waldorfschule. Das Lesen und Schreiben 5 fällt ihr schwer. Wenn sie etwas nicht kann, gibt sie schnell auf. Ihre Eltern und Lehrer brauchen viel Geduld. Maren spricht 10 undeutlich. Sie hat ein Hörgerät. Ihre etwas ungelenken Bewegungen und ihre Augenstellung weisen auf 15 ihre Behinderung hin. Maren hat das Downsyndrom. Maren spielt gerne mit ihren Eltern und ihrem 20 Bruder Jan. Oft sagt sie

„Nein" und grinst, weil sie genau weiß, dass sie „Ja" sagen müsste. Maren liebt den 25 Karnevalsverein und ist bekannt in ihrem Stadtteil. Sie ist freundlich und spricht gern mit anderen 30 Menschen. Bei Spaziergängen fallen ihr alle Veränderungen sofort auf.

Ihre Mutter fährt sie 35 an drei Nachmittagen in der Woche zur Krankengymnastik, zur Sprecherziehung und zum Musikunterricht. 40 Maren braucht viel Liebe. Sie kann sehr gut mit anderen Menschen mitfühlen. Wenn ihr Bruder Jan mit 45 dem Fahrrad stürzt und weint, tröstet sie ihn.

> **Downsyndrom**
> *Die Behinderung wurde nach dem Nervenarzt John Langdon-Down benannt.*

„Murat ist doof"

1 Als die Schüler nach der Pause zurück ins
Klassenzimmer kamen, saß er schon da –
am Tisch in der Ecke. Frau Roser, die Deutschlehrerin,
stellte den dunkelhaarigen Jungen kurz vor:

5 „Das ist Murat. Er besucht jetzt unsere Klasse."
Der Unterricht begann.
Der Neue saß da, den Kopf in die Hände gestützt,
den Blick starr geradeaus gerichtet.
Bücher und Hefte hatte er noch nicht. Er saß nur da – allein.

10 Am nächsten Tag hatte er Bücher und ein Heft,
aber keine Tasche. Er trug alles in einer Plastiktüte.
Im Unterricht sagte er wieder kein Wort.
Auf die neugierigen Fragen von Marion
‚Bist du Ausländer? Woher kommst du?'

15 antwortete er schüchtern: „Ich Murat."
„Der will nichts sagen", mischte sich Linus ein,
„kann ja nicht einmal richtig Deutsch."
Linus war der Wortführer in der Klasse.
Fast alle taten, was er sagte. Marion stellte keine weiteren Fragen.

20 Einige Tage vergingen. Murat sagte immer noch nichts.
Dann, nach einer großen Pause, kicherten die Jungs
in der hinteren Reihe.
Murat kramte sein verschmutztes Lesebuch hervor.
Bananenschalen und Reste von Marmeladebroten

25 fielen aus der Plastiktüte, die eigentlich Murats Schultasche war.
Erschrocken blickte er einen kurzen Moment auf,
dann sank er wieder in sich zusammen.

Nach dem Unterricht verschwand Murat schnell.
Die meisten Schüler gewöhnten sich an sein seltsames Verhalten
30 und beachteten ihn nicht weiter.

Eines Morgens herrschte vor der ersten Stunde
Aufregung im Klassenzimmer: Linus und seine Freunde
lachten höhnisch, andere schauten neugierig,
die Schüler in der vorderen Reihe bemerkten den Vorfall gar nicht.
35 Groß, mit Kreide, stand es auf dem Tisch: „Murat ist doof!"
Marion fand das unfair und wischte die Beleidigung weg.
„Blöde Kuh!", zischte Linus hinter ihr her.
Frau Roser betrat schon die Klasse. Die Stunde verlief friedlich.

Nach dem Gong wollten die meisten Schüler
40 für kurze Zeit nach draußen, auch Murat.
Gerade wollte er an Linus' Tisch vorbeigehen,
als blitzschnell ein Bein hervorschnellte.
Murat stolperte und schlug sich die Stirn auf.
Blut tropfte von seiner Stirn. Er lief nach draußen und
45 wischte sich mit einem Taschentuch das Gesicht ab.
Sein Kopf brummte. Frau Roser, die in die Nachbarklasse ging,
sah Murat durch den Flur taumeln. „Was ist passiert?", fragte sie
und begleitete ihn in das Krankenzimmer.
Murat sagte nichts und unterdrückte das Weinen.
50 Die Schulsekretärin versorgte seine Wunde an der Stirn.

Frau Roser ging zurück in Murats Klasse.
Auf ihre Frage „Wie ist das passiert?" trat Stille ein.
Keiner wollte etwas sagen.

Ich – Du – Wir – mit Texten umgehen

Ich bin ich, S. 21

1. a) Was können Freunde zusammen machen?
   Schreibe Stichwörter.

   b) Tausche dich mit dem Partner aus.
   Übt den gemeinsamen Vortrag des Gedichts.

   c) Bewertet die Vorträge und wählt die drei besten aus.

Die Partner	sprechen deutlich	mit lebendigem Ausdruck	tragen flüssig vor	Blickkontakt mit den Zuhörern	Summe 😊
Hanni und Kerstin	😊😊🙂	😊😊😊	😊😊🙂	😊😊😊	10
Marco und Uli	😊🙂🙂	🙂🙂🙂	😊😊🙂	🙂🙂🙂	3

Drei Ameisen und der Elefant, S. 22

1. a) Was tun die Ameisen? Schreibe Stichwörter.

   b) Besprich die Stichwörter mit dem Partner.
   Warum streiten sich die Ameisen?

   c) Wie hätten die Ameisen ihren Streit vermeiden können?
   Sprecht darüber.

Nina und das Gänseblümchen, S. 23

1. Was würde Nina am liebsten für das Gänseblümchen tun?

2. Warum sehen die großen Leute das Gänseblümchen nicht?

3. Zu Hause malt Nina ein Bild von ihrem Erlebnis.
   Willst du auch eines malen?

Meine Füße sind der Rollstuhl, S. 24 – 27

Lesetipp 2 – Überschrift und Bilder beachten
Vor dem Lesen: Beachte die Überschrift und die Bilder zu einem Text.
Sie verraten dir viel über das, was in der Geschichte geschieht.

1. Lest die Überschrift und betrachtet die Bilder.
   Wovon wird der Text wahrscheinlich handeln?

***Meine Füße sind der Rollstuhl**, S. 24 – 27 (Fortsetzung)*

 2. Besprich mit einem Partner,
wie die Sätze richtig zusammengehören:

Am Morgen	jetzt kann sie öfter alleine wegfahren.
Auf dem **Spielplatz**	rollen Margit und Sigi fröhlich voran und schenken der Frau einen Lolli.
An der **Ampel**	fällt Margit das **Anziehen** schwer.
Zwischen den Regalen	sieht Margit, wie ein dicker Junge verspottet wird, und findet es gemein.
Auf der **Heimfahrt** im Park	sagt Sigi, dass sie zusammen Spaß haben können.
Margit fasst **Mut**,	hilft ihr der Junge vom Spielplatz über die Gehsteigkante. Er heißt Sigi.

3. Margit schreibt ihrem Papa in Nürnberg einen Brief von diesem Tag.
Willst du Margits Brief schreiben? Die Tabelle (Aufgabe 2) kann dir helfen.

Kai will nicht zum Kaufmann gehen, S. 28 / 29

1. Kai will nicht einkaufen gehen. Welche Ausreden hat er?

2. Warum geht Kai dann doch einkaufen?

Die Geschichte vom Schmetterling, S. 30 / 31

1. Wie kommt der Schmetterling zum Fliegen? (Z. 22 – 24)

2. Ging es dir auch schon so, dass du zuerst vor
etwas Angst, dann aber viel Spaß dabei hattest?

Wie Franz das Piepsen besiegte, S. 32 – 35

1. Lies die Zeilen 1 – 45: Franz hat an diesem Morgen viel Pech.
Was geschieht? Achte auf die markierten Wörter im Text.

2. Lies die Zeilen 46 – 69: Welchen Super-Rat gibt Gabi dem Franz?

3. Lies die Zeilen 70 – Ende: Wie findet der Lehrer die Vorführung?

Die Torte, S. 36 – 38

Ihr könnt die Geschichte als Theaterstück vorführen.

1. Verteilt die Rollen: Ich – Klara – Mutter

2. Überlegt, wie ihr die Rollen lebendig spielen könnt.
   Denkt an die Hände, das Gesicht, die Stimme.

Maren, S. 39

1. Was macht Maren gern? Was fällt ihr schwer?
   Schreibe Sätze ins Heft.

2. Der Text steht auf der Kinderseite einer Tageszeitung.
   Das erkennst du daran, dass der Text in Spalten steht.
   - Woran kannst du das noch erkennen?
   - Liest du manchmal die Kinderseite eurer Zeitung? Erzähle.

„Murat ist doof", S. 40/41

1. Lies mit einem Partner (abwechselnd, im Flüsterton) die Zeilen 1 – 30.
   Wie verhält sich die Klasse? Wie verhält sich Murat? Schreibe Stichwörter.

2. Lest die Geschichte in der Klasse zu Ende. Was ist geschehen?

3. Das Verhalten der Klasse nennt man Mobbing.
   Das Opfer muss sofort bei einem Lehrer Hilfe suchen.
   Was können Mitschüler tun?

Ist das ein ABC-Gedicht? Lies es laut und aufmerksam.

Klassenspiegel

Billi, Cilli, Dilli, Filli
schwatzen immerzu mit Gilli.

Hilli, Jilli, Killi, Lilli
schreiben meistens ab bei Milli.

Nilli, Pilli, Quilli, Rilli ärgern in der Pause Silli.

Tilli, Villi, Willi, Zilli sitzen stets mucksmäuschenstilli.

Sieben Kinder sind entschuldigt.

Welche, kannst du selbst finden.

(A, E, I, O, U, X, Y)

Gottfried Herold

Erlebt – geträumt – erfunden

Mio bei den Prärieindianern

1   Mio hat ein eigenes Baumhaus.
Er liest dort oder träumt
vor sich hin. Niemand stört ihn.
Nur Koa, sein Kuschel-
5   Koalabär, ist immer dabei.
Heute liest Mio ein Buch
über das Leben
der Prärieindianer.

Der Indianerjunge scheint immer lebendiger zu werden,
10   je länger Mio das Bild betrachtet. Plötzlich sitzt Mio mit Koa und
dem Indianerjungen auf einem Hügel und schaut auf das **Dorf**
eines Indianerstammes. „Ich bin Hoka", sagt der fremde Junge.
„Dort, in einem der **Tipis**, wohnt meine Familie."

„Schau", sagt Koa, „wie schön bemalt die Tipis sind!
15   Sie sind im Kreis angeordnet. Alle Eingänge weisen nach Osten,
wo die Sonne aufgeht." Aus einigen Tipis steigt Rauch auf.
Zwischen den Tipis stehen Frauen und Männer.

Mädchen tragen volle Wasserschläuche vom Bach zu den Zelten.
Vor einem nahen Wäldchen spielen Kinder.

20 „Dort kommt meine Großmutter mit meinen beiden Schwestern
Takuni und Rasa", bemerkt Hoka. Er fügt hinzu:
„Meine Großmutter weiß viele Geschichten zu erzählen und
sie sieht Dinge, die junge Indianer gar nicht bemerken."

„Wir wollen mit Großmutter Kräuter sammeln!",
25 rufen die beiden Mädchen schon von Weitem.
„Möchtet ihr uns begleiten?", fragt die Großmutter,
als sie bei den Jungen ankommt.
Die Jungen gehen gerne mit.

Auf dem Weg zum Waldrand
30 zeigt die Großmutter den Kindern
einige **Präriekraniche**,
die kreischend davonfliegen.
„Wenn die Kraniche schreien",
erklärt die Großmutter,
35 „wechselt das Wetter!"
Sie schauen zum Himmel hinauf.
Dort segeln einige grauweiße Wolken dahin.
Großmutter meint: „Heute Abend wird es regnen!"

Die kleine Gruppe hat nun den Waldrand erreicht.
40 „Schaut mal, ob ihr Wiesenmäuse entdecken könnt!",
fordert Großmutter die Kinder auf. „Wir suchen die dicken **Erdbohnen**,
die sie emsig in ihren Bau geschafft haben."

„Diese Bohnen wachsen in einer Schote unter der Erde und
sind im dichten Präriegras nur schwer zu finden", erklärt Großmutter.

45 „Die **Wiesenmäuse** tragen diese Erdbohnen in großen Mengen
als Vorräte für den langen Winter in ihre unterirdischen Baue."
Plötzlich zeigt Rasa auf eine Stelle im Gras und ruft:
„Dort ist eine Maus verschwunden!"
„Gib mir den Grabstock!", sagt Großmutter zu Takuni.

50 Die alte Frau gräbt nun an der bestimmten Stelle die Erde auf.
Bald liegt vor den staunenden Kindern ein großer Mäusebau
randvoll mit Erdbohnen.

Takuni erzählt Mio: „Gekocht, zerstampft und mit Fleisch vermischt
ergeben diese Bohnen ein Festessen."

55 Dann sagt Großmutter etwas Seltsames: „Liebe Wiesenmaus,
ich nehme mir etwas von deinen Vorräten.
Ich gebe dir dafür einige Stückchen Speck."
Sie legt ein paar Speckstückchen in die Mulde.
Anschließend schiebt sie vorsichtig mit der Hand die Erde wieder

60 über den Mäusebau und gräbt noch an mehreren anderen Stellen.
Immer nimmt sie nur eine Hand voll Bohnen heraus.
Sie legt dafür einige Stückchen Speck hinein und
sagt die gleichen Worte zu der Wiesenmaus.
Hoka fragt: „Großmutter, woher weißt du, wo du graben musst?"
65 Sie lächelt und antwortet: „Schau genau hin! Siehst du die kleinen
Erdhügel? Darunter ist der Mäusebau mit den Erdbohnen."
Schließlich ist der ganze Lederbeutel
mit leckeren Erdbohnen gefüllt.

„Kommt", sagt die Großmutter,
70 „wir sammeln noch etwas Salbei!"
Sie zeigt den Kindern
die Salbeistauden und bittet sie:
„Pflückt nicht alle Blätter ab,
damit die Pflanze weiterlebt!
75 Ohne Blätter muss sie sterben.
Beruhigt jede Pflanze auch mit
ein paar Worten! Sagt ihr,
wozu wir die Blätter brauchen!"
Hoka streicht vorsichtig
80 über die Pflanze und flüstert:
„Du hilfst uns, wenn wir Halsweh haben!"

Großmutter ist sehr zufrieden. Sie erklärt den Kindern:

„Kein Indianer pflückt sinnlos Blumen und Kräuter ab oder

reißt gar ganze Pflanzen aus der Erde. Wenn das geschieht,

85 dann blühen die Blumen nicht mehr. Sie bekommen dann auch

keine Samen und es können keine neuen Blumen mehr wachsen.

Die Blumen sterben aus und unsere Mutter Erde wird traurig."

Mio hat alles staunend miterlebt. Er hat noch so viele Fragen.

Aber Großmutter mahnt: „Wir machen uns rasch auf den Heimweg!"

90 Kaum haben sie das Lager erreicht, da spüren sie die ersten Tropfen

auf der Haut. Es beginnt zu regnen, wie Großmutter gesagt hat.

Mio hört plötzlich das Trommeln der Regentropfen auf dem Dach

seines Baumhauses. Hoka aber ist wieder ein Bild in seinem Buch.

Er scheint Mio anzulächeln.

95 Wenn du noch mehr über die Indianer erfahren möchtest,

dann lies beispielsweise das Buch „Im Lande der Prärieindianer"

von Patricia Theisen und Thomas Thiemeyer.

Kapitän Kralle

1   Pünktlich kommt der Zug im Bahnhof von Norddeich an.
Der Schaffner ruft noch: „Viel Spaß auf Norderney!" und lacht.
„Lasst euch aber nicht von Kapitän Kralle fangen!"
Jörg, Hans und Felix winken zurück.

5   „Wer ist denn Kapitän Kralle?", fragt Felix seinen großen Bruder Jörg.
„Erzähle ich dir später", sagt Jörg.

Die Geschwister fahren zum ersten Mal allein zu
ihren Großeltern und freuen sich auf die Ferien
bei Oma und Opa auf der Insel Norderney.

10   „Da ist Opa!", ruft Hans. Er ist fast 10 Jahre
alt und der mittlere der drei Jungen.
Jörg ist 11, der kleine Felix wird bald
9 Jahre alt. Opa umarmt seine Enkel
voller Freude. Dann geht es weiter

15   mit der Fähre zur Insel Norderney.
Je weiter die Fähre hinaus aufs Meer kommt, desto nebliger wird es.
Vom Festland ist bald nichts mehr zu sehen. Undeutlich taucht im
Nebel ein Schiff auf und verschwindet wieder.
„Das ist vielleicht Kapitän Kralle auf seinem Geisterschiff",

20   meint Jörg. „Er sucht noch immer nach einem Schiffsjungen –
so im Alter von acht Jahren." Dabei schaut Jörg lachend zu Felix,
der die Hand seines Opas ganz fest hält. Die Fähre legt an.
Mit dem Auto geht es weiter. Vor der Haustür wartet schon Oma.
„Gut, dass Kapitän Kralle euch nichts angetan hat", sagt sie,

25   lacht dabei und schließt die Kinder herzlich in die Arme.
Am Abend dann, als die Jungen in ihren Betten liegen, will Felix
von Jörg endlich alles über diesen Kapitän Kralle erfahren.

Jörg knipst die Taschenlampe an und richtet den Lichtstrahl auf Felix.

„Du willst wissen, wer Kapitän Kralle ist?", fragt Jörg scheinheilig.

30 „Lass das!", sagt Hans. „Du jagst dem Kleinen Angst ein."

„Ich lass mir gerne Angst einjagen", antwortet Felix mutig.

„Wie ihr wollt", meint Jörg und knipst die Taschenlampe wieder aus.

Jörg beginnt mit tiefer, geheimnisvoller Stimme:

„Vor über dreihundert Jahren befuhr ein böser Seeräuber das Meer,

35 er war der gemeinste, grausamste und fieseste Kapitän,

der jemals seinen Fuß auf das Deck eines Schiffes gesetzt hatte.

Er löschte das Licht im Leuchtturm und entzündete ein neues Feuer

an einer anderen Stelle des Strandes.

Die Schiffe steuerten nun auf das Licht der Piraten zu und

40 blieben im Sand stecken. Hier warteten schon die Piraten und

plünderten die gestrandeten Schiffe.

Dann segelten sie mit ihrem Piratenschiff zu ihrem Versteck."

„Kannst du kurz warten? Ich muss mal aufs Klo", flüstert Felix.

„Eine Minute", knurrt Jörg, „zack – zack!"

45 „Ich schätze", sagt Hans, „unterwegs kuschelt er noch mit Oma."

Als Felix wieder in sein Bett gekrochen ist, fährt Jörg fort:

„In einer stürmischen Winternacht wartete der Kapitän
mit zwanzig seiner fiesesten Kumpel am Strand von Norderney
auf ein Handelsschiff. Die Piraten waren mit Messern, Äxten und
50 Schwertern bewaffnet und sie waren übel gelaunt,
weil es hier draußen kalt und ungemütlich war."

Felix hält es in seinem Bett nicht mehr aus.
Draußen hört er das Meer rauschen.
Die Flut ist da. Er zittert. „Mir ist kalt",
55 sagt er entschuldigend und
klettert zu Hans ins Bett.
Er kuschelt sich an seinen Bruder.
Aber er sagt tapfer: „Erzähl weiter!"

Jörg fährt fort:
60 „Nach einiger Zeit tauchte endlich das Handelsschiff auf
– die Fair Lady – und steuerte den Hafen an.
Das dachten jedenfalls die Matrosen. Doch das Schiff strandete,
da sie sich am Feuer der Piraten orientiert hatten.
Der Kapitän und seine wilden Piraten stiegen schreiend und
65 johlend mit ihren Schwertern und Äxten an Bord des Schiffes.
Sie fesselten die Matrosen und die Mitreisenden und
nahmen aus dem Frachtraum alles mit, was sie tragen konnten.
Als der Piratenkapitän die Kiste mit den Goldtalern hochheben wollte,
entdeckte er hinter der Kiste einen Schiffsjungen.
70 ‚Ei, ei, ei, wen haben wir denn da?', rief der Kapitän und
drehte sich unglaublich böse lachend zu seinen Kumpanen um.

Da zog der Junge schnell seine Hand hinter dem Rücken hervor.
Er hielt darin eine kleine Axt. Damit schlug er dem Kapitän
die linke Hand ab. Der Kapitän sank ohnmächtig zu Boden."

75 Jörg macht eine Pause. „Hat einer von euch Fragen?",
will er wissen. Hans und Felix sagen kein Wort.
„Das ist ein gutes Zeichen", denkt Jörg.
Wenn sich seine Brüder langweilen, stellen sie ihm nämlich
alberne Fragen, nur um ihn zu ärgern. Keine Fragen bedeutet,
80 dass alle gespannt sind. So fährt Jörg mit seiner Erzählung fort.

„Die Piraten trugen ihren Kapitän auf das Schiff zurück.
Dort behandelte ein Arzt, der eigentlich von Beruf ein Metzger war,
die Wunde. Der Schiffsschmied fertigte eine künstliche Hand an.
Aber diese eiserne Hand sah eher aus wie eine Kralle.
85 Seit dieser Zeit hieß er Kapitän ‚Kralle'.

Als Kapitän Kralle aus seinem glühenden Fieber erwachte,
waren seine ersten Worte: ‚Wo ist der Junge?'
Die Piraten wussten es nicht. Kapitän Kralle suchte nun den Jungen,
der ihn so schwer verletzt hatte. Er konnte ihn aber nirgends finden.

90 Viele Jahre später starb Kapitän Kralle am Galgen mit den Worten:
‚Ich komme wieder und hole mir den Jungen!'
Seit dieser Zeit erzählt man sich auf Norderney,
dass Kapitän Kralle mit seinem Geisterschiff erscheint,
wenn die Insel und das Meer in dichten Nebel gehüllt sind.
95 Wenn er dann einen Jungen im ähnlichen Alter findet,
der auf der Insel durch den Nebel wandert,
holt er ihn und nimmt ihn mit auf sein Geisterschiff."

Jörg schaltet noch einmal die Taschenlampe an.
An den Wänden tanzen lange Schatten.
100 „Das ist ja wirklich gruselig", meint Hans.
Jörg sagt tröstend: „Von euch ist ja keiner in Gefahr, oder etwa doch?"
Felix schluckt, aber er gibt keine Antwort.

Datei Bearbeiten Ansicht Chronik Lesezeichen Extras Hilfe

Ebbe und Flut +

www.

Home   Mond aktuell   Basiswissen   Verschiedenes

Ebbe *und Flut*

1   Jeder Urlauber an der Nordsee hat das schon erlebt:
Man geht zum Strand und möchte schwimmen, aber das
Meer ist nicht mehr da. Wo vor wenigen Stunden noch
Fischerboote fuhren, ist nur noch feuchtes Land zu sehen.
5   Man nennt es Watt. Wo ist das Wasser hingeflossen?
Warum ist es in wenigen Stunden wieder da?

Es dauert sechs Stunden, in denen das Wasser steigt. Das
ist die Flut. Danach sinkt der Wasserspiegel wieder sechs
Stunden. Dann ist die Zeit der Ebbe. Viele Kinder haben es
10   schon einmal gehört: Ebbe und Flut hängen mit dem Mond
zusammen. Das stimmt!

Wie du bestimmt weißt, hat die Erde eine Anziehungskraft.
Die Erde zieht dich an, sonst würdest du einfach in den
Weltraum sausen. Du landest nach einem Luftsprung
15   immer wieder auf der Erde, selbst wenn du sehr hoch
springen kannst.
Der Mond und die Erde ziehen sich gegenseitig an.
Die Anziehungskraft der Erde sorgt dafür, dass der Mond
nicht im Weltraum verschwindet. Die Anziehungskraft des
20   Mondes reicht aus, um das Meerwasser auf der Erde ein
wenig anzuheben. Dort wo der Mond über der Erde steht,
bildet sich ein Wasserberg. Das ist die Flut.

Neben der Anziehungskraft ist eine zweite Kraft wichtig:
die Fliehkraft.

25 Bist du schon einmal Kettenkarussell gefahren?
Dann kennst du das: Sobald die Fahrt losgeht,
wirst du mitsamt deinem Sitz nach außen gedrückt.
Du hebst ab in die Luft – so als wolle der Sitz mit dir
vor dem Karussell fliehen. Das ist die Fliehkraft.

30 Auch das Meerwasser will von der Erde fliehen –
genauso wie du auf dem Karussell. Das Wasser erhebt
sich ein wenig. So entsteht ein zweiter Flutberg auf der
gegenüberliegenden Seite der Erde.
Die Erde dreht sich in 24 Stunden einmal um sich selbst.

35 Wir haben zweimal am Tag Ebbe und Flut.

Der Ritt durch die Wüste

1 *Das Kamel Otto ist Monis liebstes Stofftier und fast so groß wie sie.*
Moni liebt Kamele, seitdem sie einmal auf einem geritten ist.
Beim Fernsehen liegt sie zwischen den beiden Höckern von Otto
und träumt davon, wie sie auf ihm durch die Wüste reitet.

5 *An dem Tag, von dem die Geschichte erzählt, sitzt Moni auf Otto*
und spielt ein Computerspiel. Kai, ihr großer Bruder,
hat es mitgebracht. Es heißt „Ritt durch die Wüste".
Eine Prinzessin reitet zu einer Oase,
wo ihr Vater auf sie wartet.

10 *Schwarze Männer bedrohen sie unterwegs.*

Mit dem Joystick* dirigierte Moni die Prinzessin auf dem Kamel.
Die schwarzen Männer lauerten hinter Sandhügeln oder Kakteen.
Wenn die Prinzessin in ihre Nähe kam, warfen sie ihre Lassos.
Dann duckte sich die Prinzessin zwischen die Höcker ihres Kamels,
15 um nicht erwischt zu werden.
Moni konnte das Kamel auch nach links oder rechts springen lassen.
Sie war dabei sehr geschickt.
Kai staunte. „Ja! Ja! Weiter so! Gleich bist du in der Oase!"
„Und was passiert dann?" „Dann kommst du ins nächste Level.
20 Da geht alles noch schneller. Dafür kriegst du einen Säbel und
kannst die Lassos durchschneiden."

* Ein Joystick ist ein Eingabegerät für den Computer.

Ein schwarzer Mann stand plötzlich vor der Prinzessin.

„Vorsicht! Duck dich!", rief Kai.

Moni ließ das Kamel auf die Hinterbeine steigen.

25 „Uff, geschafft!" Mit einer Hand hielt Moni Ottos Ohren fest,

in der anderen bekam sie fast einen Krampf,

weil sie damit den Joystick bediente,

immer schneller musste sie reagieren.

Jetzt war sie kurz vor der Oase.

30 Da flog ein Lasso durch die Luft.

Die Öffnung schwebte direkt auf sie zu.

Moni ließ das Kamel nach rechts springen

und duckte sich. Doch dann spürte sie, wie sich das Seil

um ihre Schultern stramm zog. „He! Was soll das …? Was ist …?"

35 Der schwarze Mann zerrte am anderen Ende.

Moni stürzte vom Kamel. Sie wollte nach dem Joystick greifen,

doch der war plötzlich sehr weit weg. Dafür war die Oase ganz nah.

Moni stand mitten in der Wüste. Mit einem Lasso gefesselt!

„Moni! Moni? Wo bist du?", rief Kai.

40 Moni sah Kai durch die Scheibe wie in einem Aquarium.

Er hob Otto auf und stellte ihn wieder gerade hin. Sie schrie:

„Kai! Kai! Ich bin hier! Der schwarze Mann hat mich gefangen!"

Kais Gesicht erschien ganz nah vor dem Bildschirm.

„Na, Moni, hat er dich erwischt?" Er schüttelte den Kopf.

45 „Typisch Moni, kaum klappt mal etwas nicht, schon gibt sie auf

und rennt weg." Er nahm den Joystick. „Moni, komm, ich zeig dir,

wie du aus der Lage wieder herauskommst. Du musst das Schwert

aus der Oase holen, dann kannst du dich befreien."

„Du hast leicht reden!", kreischte Moni.

50 „Ich bin hier drin und kann mich nicht bewegen. Ich bin gefesselt!"

Kai hörte sie nicht. Er drückte auf den Joystick

und Moni flog plötzlich nach oben.

Sekunden später saß sie

auf dem Rücken des Kamels.

55 Dann ließ Kai das Kamel zur Oase traben.

Der schwarze Mann rannte hinter ihnen her.

Er schwang wieder ein Lasso.

Diesmal verfehlte er Moni nur knapp.

Kai bremste das Kamel vor der Oase so hart,

60 dass Moni herunterfiel – dem Scheich Omar direkt vor die Füße.

Er nahm seinen Säbel und zertrennte damit ihre Fesseln.

Dann überreichte er ihr den Säbel.

Lichter blinkten auf. Zweites Level!!

Kai ließ den Joystick los. „So, Moni, du kannst weiterspielen.

65 Alles ist wieder in Ordnung. Jetzt hast du sogar einen Säbel.

Wo bist du denn?" Er ging aus dem Zimmer, um Moni zu suchen.

Die Fesseln waren durchtrennt.

Moni musste sich erst mal hinsetzen, so erschöpft war sie.

Doch der sandige Wüstenwind brannte auf ihrem Gesicht.

70 Moni kniff die Augen zu.

Als sie sie wieder öffnete, saß sie auf Otto. Kai stand vor ihr.

„Du siehst süß aus, wenn du so konzentriert spielst", lachte er.

„Als ob du ganz weit weg wärst." „Das war ich auch", sagte Moni.

Zwischen ihren Zähnen knirschte es wie Sand.

Klaus-Peter Wolf

Der Computer-Arbeitsplatz

1 Der **Computer** (sprich: Kompjuter) heißt auch **PC** (Personal Computer) oder **Rechner**. Wenn man heute von einem Computer spricht, meint man in der Regel den gesamten Computer-Arbeitsplatz und nicht nur den Computer selbst.

5 Dieser befindet sich nämlich im Computer-Gehäuse.

Auf dem folgenden Bild erkennst du alle wichtigen Teile und Geräte, die zu einem Computer-Arbeitsplatz gehören.

Unter dem Bild steht, wie man die einzelnen Geräte und Teile nennt.

① Monitor = Bildschirm
② Computer-Gehäuse
③ CD-ROM-Laufwerk
④ Lautsprecher
⑤ Tastatur
⑥ Maus

⑦ Mauspad (sprich: Mauspäd) = glattes Schiebefeld für die Maus
⑧ Headset (sprich: Hädset) = Kopfhörer und Mikrofon in einem
⑨ Drucker
⑩ Scanner (sprich: Skänner) = liest Fotos oder Texte in den Computer ein

Ohne Worte

Der Lindwurm

Gute Freunde

Die Rettung

Erlebt – geträumt – erfunden – mit Texten umgehen

Mio bei den Prärieindianern, S. 46 – 50

1. a) Lies die Überschrift und schaue dir die Bilder an (Lesetipp 2).
   Was wird in der Geschichte vorkommen?

   b) Lies mit einem Partner die Zeilen 1 – 54. Schreibt zu den fettgedruckten
   Wörtern im Text jeweils einen Satz.

   c) Besprecht eure Ergebnisse in der Klasse.

2. Lest die Zeilen 55 – 91.
   - Warum legt die Großmutter Speckstückchen in die Mulde?
   - Warum pflücken sie nur wenige Salbeiblätter?
   - Was können wir von den Indianern lernen?

Kapitän Kralle, S. 51 – 55

1. Lest die Zeilen 1 – 32.
   Womit reisen die Kinder zu den Großeltern (Zeile 1, 15, 23)?
   Was wird über Kapitän Kralle gesagt?

Lesetipp 3 – Personen gut kennenlernen
Lerne jede wichtige Person in einer Geschichte gut kennen.
Beachte, was sie tut. Überlege, was sie denken könnte.

2. Welche Gedanken und Gefühle haben Jörg, Hans und Felix?

3. Lest die Erzählung von Jörg und findet zu jedem Bild eine Überschrift.

4. Jörgs Erzählung soll in der Klasse vorgelesen werden.
   Übt einen der Abschnitte und verbessert euch gegenseitig.

5. Lest die Abschnitte vor. Die Zuhörer bewerten den Vortrag.
   Wer hat gut gelesen? Woran habt ihr das gemerkt?

Ebbe und Flut, S. 56/57

Lesetipp 4 – Sachtexte verstehen
Stelle einem Partner Fragen zum Text, dann verstehst du selbst den Inhalt besser.

1. Erstellt in der Klasse ein Quiz zum Thema „Ebbe und Flut".

   - Finde mit einem Partner einfache Fragen, die im Text beantwortet werden, z. B. „Wie viele Stunden liegen zwischen Ebbe und Flut?"
   - Tauscht eure Fragen mit denen einer anderen Gruppe.
   - Besprecht in der Klasse, welche Fragen euch am besten gefallen haben.

   - Sammelt die fünf besten Fragen und gestaltet ein Plakat für die anderen Klassen.

2. Bastelt in der Klasse ein Modell der Erde, des Mondes und der Wasserberge.

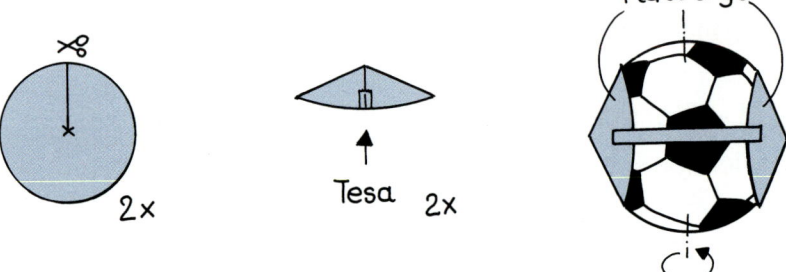

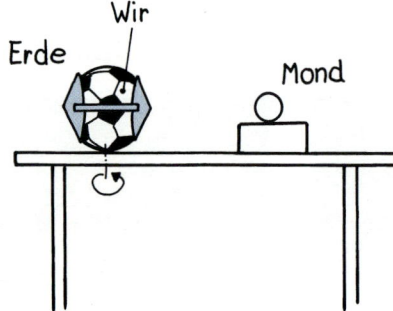

Der Ritt durch die Wüste, S. 58–60

1. Spielst du auch gerne am Computer?
   Was für Spiele sind das und wie heißen sie?

2. Gibt es ein Computerspiel, ein Buch oder einen Film,
   in dem du auch gerne einmal die Hauptrolle übernehmen würdest?
   Bedenke, dass dir wie Moni in der Geschichte gute und schlechte Dinge
   geschehen können. Begründe deine Auswahl.

Der Computer-Arbeitsplatz, S. 61

Lesetipp 5 – Eigene Kenntnisse einbringen
Was weißt du schon über das Thema? Hast du eigene Erfahrungen?
Deine Kenntnisse nutzen dir und auch deinen Mitschülern.

1. Habt ihr auch einen Computer zu Hause?

2. Welche Teile und Geräte kennst du schon?

3. Welche Teile und Geräte habt ihr auch / habt ihr nicht?

 4. Wofür benutzt du und deine Familie einen Computer?
   Tausche dich mit einem Partner aus und schreibt
   gemeinsam eure Ergebnisse auf.

Ohne Worte, S. 62

 1. Bildet 3er-Gruppen und sucht euch einen der Comics aus.
   Schaut euch die Bilder an. Was passiert? Was könnten die Tiere und
   die Menschen zueinander sagen?
   Schreibt mithilfe der Bilder eine kurze Geschichte.
   Lest euch gegenseitig eure Geschichten vor.

2. Welche anderen Comics kennt ihr? Sammelt die Titel an der Tafel.

3. Stelle dir vor, jemand fragt dich, was dein Lieblingscomic ist.
   Beschreibe dein Lieblingscomic und finde Gründe, warum er es lesen soll.
   Diese Sätze helfen dir:
   - Wie heißt die Comicserie?
   - Um wen geht es in dem Comic?
   - Vervollständige den Satz: „Das Comic gefällt mir, weil …"

 4. Ist der Vogel in „Die Rettung" wirklich in einem Kasten gefangen? Erklärt.

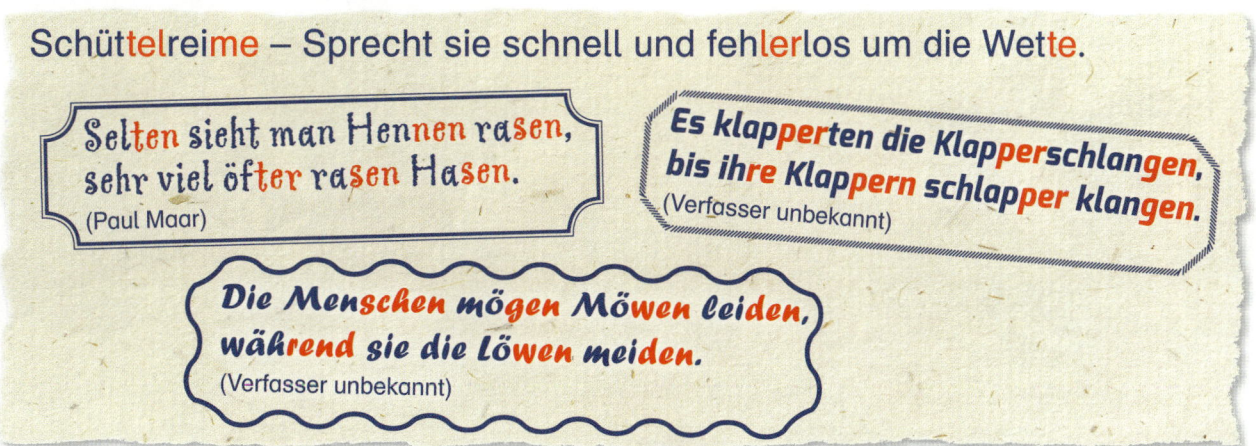

Schüttelreime – Sprecht sie schnell und fehlerlos um die Wette.

Selten sieht man Hennen rasen,
sehr viel öfter rasen Hasen.
(Paul Maar)

Es klapperten die Klapperschlangen,
bis ihre Klappern schlapper klangen.
(Verfasser unbekannt)

Die Menschen mögen Möwen leiden,
während sie die Löwen meiden.
(Verfasser unbekannt)

Kinder und Tiere

Ein Welpe kommt ins Haus

1 Die achtjährige Tina und ihr etwas älterer Bruder Alex
hatten ihre Ferien auf einem Reiterhof verbracht.
Tina und Alex waren begeisterte Ponyreiter.
Zusammen mit ihren Eltern sahen sie sich die Ferienfotos an.

5 „Schaut mal, das ist Marion, unsere Reitlehrerin", erklärte Tina.
„Und da läuft Nette. Bei jedem Ausritt war sie dabei", sagte Alex.
„Sie ist eine Labradorhündin und kann ganz toll schwimmen",
fügte er hinzu und lachte. „Weißt du noch, Tina,
wie wir mit ihr im See gespielt haben? Das war toll!"
10 Tina nickte und schaute dann ihre Eltern bittend an:
„Wir wünschen uns so sehr einen Hund – so einen wie Nette.
Nette bekommt bald Junge!! Marion hat es mir geschrieben."

Für Mama kam dieser Wunsch nicht überraschend. Papa sagte:
„Das ist nicht so einfach. Ein Hund ist kein Spielzeug.
15 Er will jeden Tag spazieren gehen. Er will regelmäßig sein Futter.
Er braucht auch einen Platz, wo er sich ausruhen kann."
„Wir werden für alles sorgen!", versprach Tina aufgeregt.
„Sein Körbchen stellen wir in den Flur, neben die Kommode.
Da kann er schlafen", schlug Alex vor.
20 Auch die Eltern mochten Hunde gern.
Also beschloss Familie Schuster einstimmig,
einen Hund aufzunehmen.

Ein Anruf bei der Reitlehrerin bestätigte,
dass Nette ihre Hundebabys bekommen hatte.
25 Tina und Alex jubelten, auch die Eltern freuten sich.

Als die Welpen vier Wochen alt waren, fand der erste Besuch statt.
Die Schusters wurden von den Hundebabys stürmisch begrüßt.
Ein Welpe rannte direkt auf Tina zu.

„Den nehmen wir!", bedrängte Tina ihre Eltern.
30 „Da hast du ein kleines Hundemädchen ausgesucht.
    Aber du kannst es nicht gleich mitnehmen", wehrte Marion ab,
    „die Welpen bleiben etwa vierzehn Wochen bei uns.
    Sie müssen von ihrer Mutter die Hundesprache lernen und
    viel miteinander spielen. Das ist sehr wichtig für Hundebabys!
35 In der Zwischenzeit könnt ihr euch einen Namen ausdenken.
    Er sollte mit ‚B' beginnen, weil das der zweite Wurf von Nette ist."

Auf der Heimfahrt wurde ein passender Name gesucht.
Alle machten Vorschläge und riefen durcheinander.
Mama unterbrach: „Wir könnten sie Bella nennen.
40 Der Name beginnt mit ‚B', ist Italienisch und heißt auf Deutsch
    ‚die Schöne', was meint ihr?" Diesem Vorschlag stimmten alle zu.

Die nächsten Wochen vergingen viel zu langsam.
Aber dann war es so weit. Schusters fuhren zum Reiterhof,
um ihren Welpen abzuholen.

45 „Bella soll sie heißen, weil sie so schön ist!", verkündete Tina.
„Und mit ‚B' beginnt der Name auch", fügte Alex hinzu.
„Den Namen habt ihr gut ausgesucht", lobte Marion die Kinder.
Papa bezahlte den Kaufpreis und sie traten die Heimreise an.

Bella kuschelte zwischen Tina und Alex im Körbchen.
50 „So kann sie sich gleich an ihr neues Zuhause gewöhnen",
bemerkte Alex mit sachkundiger Miene.

Das Autofahren war für Bella nicht neu.
Marion hatte Nette und die Welpen im Geländewagen mitgenommen,
wenn sie die Pferdekoppeln kontrollierte.

55 Zu Hause brachten Tina und Alex Bella gleich zu ihrem Schlafplatz.
Sie legten die gelbe Hundedecke in das Körbchen und
Bella kuschelte sich hinein. Sie war müde und schlief bald ein.
„Heute Nacht werde ich mit Bella kurz in den Garten gehen,
damit sie Pipi machen kann. Wir müssen das regelmäßig tun,
60 immer an die gleiche Stelle im Garten.
Dann wird sie schnell stubenrein!", sagte Mutter.

Tina und Alex fiel es schwer, Bella im Körbchen allein zu lassen.
„Ob sie ihre Wurfgeschwister sehr vermisst?", fragte Tina.
Alex beruhigte sie: „Morgen früh spielen wir gleich mit ihr.
65 Dann wird sie die Trennung schnell überwinden."

Nun gingen alle zu Bett. Tina ließ die Tür zu ihrem Zimmer offen
und lauschte angestrengt, ob Bella ruhig schlafen würde.
Bald fielen auch Tina die Augen zu.
Die Familie war um einen munteren kleinen Hund reicher geworden.

Der Kuckuck – ein seltsamer Vogel

1 Birgits Hobby ist es, Vögel zu beobachten. Wenn Schnee liegt,
füllt sie ihr Vogelhäuschen mit Futter und setzt sich hinters Fenster.
Von dort aus beobachtet sie ihre Freunde und lernt sie gut kennen.
In diesem Frühjahr will Birgit endlich einen Kuckuck erspähen.

5 Schon einige Male hat sie seinen Ruf vom Waldrand her gehört,
aber ihn noch nie zu Gesicht bekommen.
Mit ihrem neuen Fernglas und zusammen mit Papa
– ebenfalls ein Vogelfreund – könnte es gelingen.
Birgit wartet ganz gespannt auf das kommende Wochenende.

10 Am Samstagmorgen steht sie ganz früh auf und macht Frühstück.
Papa ist gleich einverstanden: „Ja, heute wollen wir es versuchen.
Das Wetter ist gut und die Wiesen sind trocken."
Ihr Weg führt die beiden Naturfreunde aus dem Garten
über die Felder und Wiesen.

15 Da ruft der geheimnisvolle Vogel zum ersten Mal seinen Namen:
„Kuckuck! Kuckuck!"

Als sie die hohen Bäume am Waldrand fast erreicht haben,
gehen sie hinter einer Feldhecke in die Hocke.
Papa sagt: „Wir müssen jetzt warten, bis er wieder ruft."
20 Birgit kann die Arme und Beine kaum ruhig halten.
Da ist es wieder zu hören – lauter als vorher: „Kuckuck!"
Papa erklärt leise: „Das ist ein Kuckuck-Männchen!
Es will ein Weibchen in sein Revier locken."

Nun sucht Papa mit dem Fernglas
25 die Baumkronen ab.
Wo sitzt der scheue Rufer?

Um den Vogel zu locken, legt Papa beide Daumen aneinander und
bildet mit den Händen einen Hohlraum.
Durch den schmalen Spalt zwischen den Daumen bläst er hinein
30 und macht den Vogelruf nach: „Kuckuck! Kuckuck!"
Da tönt es vom höchsten Baum herab: „Kuckuck! Kuckuck!"
Immer schneller und in höherer Tonlage sind die Rufe zu hören.
Papa sagt: „Er verteidigt sein Revier gegen andere Männchen."

„Jetzt kann ich ihn sehen", flüstert Birgit aufgeregt, „wo hat er sein
35 Nest?" Papa meint: Das werden wir nicht finden. Er baut kein Nest.

Das Kuckuck-Weibchen legt sein Ei in das Nest anderer Vögel.

Nach etwa zwei Wochen schlüpft der junge Kuckuck aus und

wirft die anderen Eier oder Jungtiere aus dem Nest.

Durch schnelles Rufen und Flügelschlagen treibt er

40 seine viel kleineren Pflegeeltern an, Nahrung heranzuschaffen.

Nach etwa zwanzig Tagen wird der Jungvogel flügge.

Ein Weibchen kann im Jahr bis zu zwanzig Eier legen", erklärt Papa.

Birgit kann kaum fassen, was Papa soeben erzählt hat.

„Das finde ich gemein, die armen Vogelkinder!", murmelt sie leise.

45 Papa erklärt: „Der Kuckuck folgt nur seinem Instinkt."

Papa erzählt weiter:

„Im Herbst fliegen die

Jungvögel später als

ihre Eltern nach Afrika.

50 Wie alle Zugvögel finden

sie den Weg automatisch.

Es ist ihnen angeboren."

Birgit staunt:

„Vögel haben also

55 ein eingebautes Navi?"

„So ungefähr!",

lacht Papa.

Pausenlos beobachtet Birgit den Vogel.

Durch das Fernglas erscheint er sehr groß.

60 Das grau gestreifte Gefieder ist deutlich zu erkennen.

Da ertönt von weitem ein zweiter Ruf: „Kuckuck! Kuckuck!"

Mit schnellem Flügelschlag entfernt sich der erste Kuckuck.

Er will den Rivalen vertreiben und fliegt ihm entgegen.

Birgit folgt ihm mit dem Fernglas, bis er nicht mehr zu sehen ist.

Endlich Reitstunden!

Annes Traum

1 Anne war elf Jahre alt und hatte nur einen Wunsch: ein Pony.
Sie würde so gern auf einem Pony frei
und fröhlich durch die Gegend reiten.
Natürlich würde sie es gut füttern
5 und sorgfältig pflegen.
Wie gute Freunde könnten sie
die Zeit miteinander verbringen.

Leider konnten ihr die Eltern
kein Pony kaufen.
10 Aber Anne hatte Glück.
Nicht weit entfernt gab es
einen Bauernhof mit drei Ponys.
Der Hof gehörte Familie Singler.
Ihre Feriengäste durften
15 die Ponys reiten.

Auf dem Ponyhof

Anne fuhr oft mit dem Fahrrad zum Singler-Hof.
Wenn die Ponys auf der Koppel waren, blieb sie lange dort.
Sie schaute den Ponys zu, sprach mit ihnen und streichelte sie.
Manchmal brachte Anne ein paar Karotten mit.
20 Die waren ein richtiger Leckerbissen für die Ponys.
Frau Singler kannte das Mädchen schon und fragte sie einmal:
„Na, du, willst du mir beim Striegeln der Ponys helfen?"
Überglücklich antwortete Anne: „Ja, ja, gerne!"

Von diesem Tag an durfte sie mithelfen, die Ponys zu säubern
25 und zu pflegen. Annes Lieblingspony hieß Heidi.
Es war ein schönes, großes Tier mit weißem Fell.
Anne pflegte Heidi besonders gern.

Sie bürstete das Pony sorgfältig
von oben nach unten,
30 so wie das Fell gewachsen ist.
Mit dem Pferdekamm kämmte sie
Heidis Mähne und Schweif.
Sie vergaß auch nie,
die Hufe auszukratzen.
35 Da sollte kein Steinchen
stecken bleiben.

Frau Singler freute sich, wenn Anne kam und ihr half.
Bald durfte Anne ein Pony am Halfter führen,
wenn die kleinen Kinder der Feriengäste ausreiten wollten.

40 Die kleine Reitergruppe trabte erst einen Feldweg entlang.
Dann ritt sie hinauf zu einem hellen Weg am Waldrand.
Von dort ging ein Pfad wieder hinunter auf eine Wiese
und weiter bis zum Hof zurück.
Die Ponys kannten den Weg bei einem solchen Ausflug sehr gut.
45 Es war immer derselbe.
Anne führte gerne die Ponys am Halfter, aber noch viel, viel lieber
wäre sie selbst auf einem Pony geritten.

Annes erster Ausritt

Eines Tages durfte Anne wirklich allein ausreiten.

Auf Heidi, ihrem Lieblingspony, konnte sie bestimmt gut reiten.

50 Heidi kannte den Weg und ging ganz ruhig. Anne war aufgeregt.

Sie wollte heute einen längeren Weg nehmen als sonst.

Als sie zu der Stelle kamen, wo der Pfad zum Hof abzweigte,

wollte Anne geradeaus zum Waldsee reiten,

aber Heidi ging stur den gewohnten Weg hinunter.

55 Anne versuchte, mit dem Pony umzukehren.

Mit einer Hand hielt sie sich am Sattelknauf fest,

mit der anderen Hand zog sie an den Zügeln.

„Kehr um, kehr um!", rief sie dazu. Aber vergeblich.

Anne konnte ihren Willen nicht durchsetzen.

60 Heidi schüttelte nur die Mähne und trottete weiter bis zum Hof.

Anne säuberte und pflegte das Pony wie immer sehr sorgfältig.

Aber danach radelte sie so schnell nach Hause wie noch nie.

Annes Reitstunden

Als sie ihre Mutter sah, rief sie: „Ich muss reiten lernen!

Ich will dem Pony sagen können, was es tun soll!"

65 Die Eltern erfüllten Annes Wunsch und fanden eine Reitlehrerin.

Sie kauften auch einen Reiterhelm als Kopfschutz.

Anne erhielt sogar gebrauchte Reitstiefel in ihrer Größe.

Endlich Reitstunden!

Anne lernte erst einmal,

70 wie man richtig auf einem Pferd

oder Pony sitzt. Sie musste sich

freihändig auf dem Sattel halten,

und das war gar nicht so leicht

bei dem schaukeligen Gang

75 des Tieres.

Dann lernte sie auch die richtigen Befehle für Pferde und

bald konnte sie das Tier führen. Dazu lehnte sie sich in die Richtung,

in die sie reiten wollte, und zog leicht an den Zügeln.

Endlich konnte Anne ohne Bedenken

80 mit Heidi ausreiten.

Das Pony machte, was sie wollte.

Jetzt ritt Anne froh und glücklich

auf ihrem Lieblingspony

durch die Gegend.

85 So hatte sie es sich

immer gewünscht.

Pferde helfen Menschen

1   Wir stellen Fragen an die Ergotherapeutin
Marion Kempf. Sie bietet ihren Patienten
eine Heilbehandlung mit Pferden an. Zum
Reiten meint sie: Es bringt die Menschen
5   ins Gleichgewicht – ihren Körper und ihre
Gefühle.

Wer kommt in Ihre Praxis?

„In meine Praxis kommen vor allem Kinder
und Jugendliche. Manche sind so
10 schüchtern, dass sie sich gar nichts
zutrauen. Andere können sich nicht
konzentrieren, können nicht deutlich
sprechen oder sie sitzen im Rollstuhl
und haben zu schwache oder verkrampfte
15 Muskeln."

Wie kann ein Pferd helfen?

„Ein Reiter muss die Bewegungen des
Pferdes mitmachen und ausgleichen,
sonst würde er einfach herunterfallen.
20 Der Reiter lernt, sich zu konzentrieren,
und bewegt viele Muskeln. Damit trainiert
er sie. Außerdem wird man mutig, wenn man
auf einem so großen Tier sitzt.

Es ist auch wichtig, dass die Patienten mit
25 dem Pferd ruhig umgehen. Dadurch werden
sie selbst ruhiger und entspannter.
Ein Beispiel: Ein wildes und lautes Kind
bemüht sich sehr, ruhig zu sein, damit das
Pferd keine Angst bekommt. So etwas
30 freut mich."

Ergotherapeutin Marion Kempf

Eignet sich jedes Pferd für eine solche Heilbehandlung?

„Nein. Das Pferd muss einen freundlichen
und ruhigen Charakter haben. Es darf
35 nicht ängstlich und nervös sein.
Ich arbeite mit Shetlandponys und
Isländern. Das sind robuste Pferderassen
mit guten, starken Nerven."

Vielen Dank für das Gespräch.

Das Wort „Ergotherapie" kommt aus dem Griechischen.
Man versteht darunter eine Heilbehandlung mit
verschiedenen Arbeiten und Tätigkeiten.

Kinder und Tiere – mit Texten umgehen

Ein Welpe kommt ins Haus, S. 67 – 70

1. a) Lies die Überschrift und schaue dir die Bilder an (Lesetipp 2).
Wovon wird die Geschichte handeln?

   b) Bildet Gruppen zu vier Schülern und gebt euch einen Namen.
Lest die Zeilen 1 – 25 mit verteilten Rollen.

Name der Gruppe	flüssig	mit Ausdruck
Gruppe X	☺ ☺ ☺	☺ ☺ ☺

   c) Die Zuhörer bewerten die Gruppen.

Lesetipp 6 – Umgang mit längeren Texten

Lies einen längeren Text in Absätzen. Schreibe zu jedem Absatz eine Überschrift oder ein paar Stichwörter. So erhälst du einen Überblick über den ganzen Text.

2. Jede Gruppe liest eine Seite (entweder S. 68, S. 69 oder S. 70).
Schreibt Stichwörter und findet eine passende Überschrift.
Ein Sprecher trägt das Ergebnis in der Klasse vor.

3. Wie viele Schüler eurer Klasse haben Haustiere?
Welche Haustiere sind es?
Erstellt eine Tabelle und nennt in den Spalten eure Haustiere:
Hund, Katze, Fische …

	Hund	Katze	Fische
Mädchen			
Jungen			
zusammen			

Was zeigt euch die Tabelle?
(die meisten – etwa gleich – die wenigsten – keine)

4. „Bella" ist Italienisch und heißt auf Deutsch „die Schöne" (Z. 39 / 40).
Was bedeuten eure Vornamen? (Internet oder Vornamen-Lexikon)
Beispiel: „Ayse" bedeutet „die Lebendige".

Der Kuckuck – ein seltsamer Vogel, S. 71 – 74

1. Was erfährt man im Text über den Kuckuck (Lesetipp 6).
   Sammelt die Informationen und schreibt Stichwörter.

2. Gestaltet in der Klasse ein Plakat über diesen seltsamen Vogel.

3. Der Kuckuck ist ein Zugvogel. Kennst du weitere Zugvögel?

4. In jedem Nest liegt ein Kuckucksei. Findest du es? Was ist erstaunlich?

Endlich Reitstunden!, S. 75 – 78

1. Lies „Annes Traum" (Z. 1 – 15).
   Hast du auch einen Wunschtraum? Male ein Bild.
   Ihr könnt die Wunschbilder an einer Pinnwand sammeln.

2. Lest „Auf dem Ponyhof" (Z. 16 – 47).
   Wie kümmert sich Anne um das Pony Heidi?
   Schreibt Stichwörter auf und vergleicht sie in der Gruppe.

3. Lest „Annes erster Ausritt" (Z. 48 – 62).
   Welche Zeilen beschreiben Annes Missgeschick?

4. Lest „Annes Reitstunden" (Z. 63 – Ende). Was lernt Anne?
   Schreibt Stichwörter auf und vergleicht.

5. Hast du ein Buch über Ponys gelesen? Stelle es in der Klasse vor.

6. Du hast bisher sechs Lesetipps kennengelernt (siehe Seite 6).
   Welche haben dir bei diesem Text geholfen?

Pferde helfen Menschen, S. 79

1. Lest den Text gemeinsam: Einer liest die Fragen vor,
   die anderen lesen abwechselnd die Antworten.

2. „Ergotherapie" ist ein schwieriges Wort. Es wird im Text aber erklärt.
   Gibt es im Text noch andere schwierige Wörter? Erklärt sie euch
   gegenseitig oder findet gemeinsam heraus, was sie bedeuten.

3. Welche anderen Tiere kennt ihr, die Menschen helfen?

Die Welt um uns

Wie die Bohnen wachsen

1 Mutter legt mehrere Tüten mit Bohnen auf den Küchentisch.

Laura buchstabiert: „Buschbohnen, Stangenbohnen, Riesenbohnen."

Sie fragt ihre Mutter: „Was willst du mit den Bohnen?"

„Die Eisheiligen sind nun bald vorüber.

5 Dann kann ich die Bohnen im Garten in die Erde stecken.

Man sagt, dass es nun keinen Frost mehr geben wird",

antwortet die Mutter.

„Aber warum willst du sie in die Erde stecken?

Warum kochst du nicht eine leckere Bohnensuppe daraus?",

10 will Laura wissen.

Mutter lacht: „Ach Laura, wir brauchen doch wieder neue Bohnen."

Mutter erklärt: „Wenn wir Bohnen in die Erde stecken,

wächst aus jeder Bohne eine Bohnenpflanze.

Aus ihren Blüten entwickeln sich dann Bohnenschoten,

15 in denen viele Bohnen heranreifen."

Lorenz hat das Gespräch aufmerksam verfolgt.

Nun mischt er sich ein. „Wer sind eigentlich die Eisheiligen?", fragt er.

„Am 11., 12., 13. und 14. Mai haben vier heilige Männer Namenstag",

antwortet Mutter. „Sie heißen Mamertus, Pankratius, Servatius,

20 Bonifatius, und am 15. Mai fehlt nie die ‚Kalte Sophie'.

An den Eisheiligen kann es noch einmal sehr kalt werden.

Vor allem in den Nächten kann es jetzt noch Frost geben.

Darum decken die Gärtner empfindliche Pflanzen mit Zweigen zu.

Besonders empfindliche Pflanzen säen wir erst danach aus."

25 „Ich verstehe", meint Laura. „Die Bohnen sind wohl empfindlich

gegen Frost. Deshalb willst du sie erst nach den Eisheiligen

aussäen." „Scharf kombiniert", lacht Lorenz. „Wir könnten aber

in der Wohnung schon jetzt Bohnen in Blumentöpfen in die Erde

legen. Hier ist es schön warm." „O ja!", freut sich Laura.

30 „Eine tolle Idee", stimmt auch Mutter zu. Sie erinnert die Kinder:

„Aber zum Wachsen gehört nicht nur Wärme,

sondern es gehören auch Licht und Feuchtigkeit dazu."

„Also stellen wir die Blumentöpfe am besten auf die Fensterbank",

überlegt Laura.

35 „Wir dürfen nicht vergessen, die Erde zu gießen", sagt Lorenz.

„Legt immer drei Bohnen nicht zu tief in die feuchte Erde",

erklärt Mutter. „Buschbohnen wachsen in die Breite und

Stangenbohnen wachsen in die Höhe."

Die Kinder entscheiden sich für Stangenbohnen.

40 „Dann müsst ihr ein langes Stöckchen in die Erde stecken,

damit sich die Pflanzen daran festhalten und

in die Höhe wachsen können", sagt Mutter.

„Schon bald werdet ihr kleine grüne Spitzen sehen."

Die Wiese, ein kleiner Dschungel

1 „Oh, war das gut!", meint Lorenz und streckt sich ins Gras.

Laura und die Eltern stimmen zu.

Was ist schöner als ein Picknick nach einer langen Wanderung?

Alle sind satt und entspannt.

5 Jetzt legt sich Lorenz

auf den Bauch.

Er stützt sich

auf seine Ellenbogen,

legt den Kopf in die Hände

10 und schaut zwischen die hohen Grashalme.

„Da ist ja allerhand los! Das ist cool!", ruft er erstaunt.

„Das musst du dir ansehen!", fordert er seine Schwester Laura auf.

„Komm, leg dich neben mich auf den Bauch!"

„Siehst du, wie unterschiedlich die Blätter der Pflanzen sind?"

15 Laura nickt und ruft begeistert: „Die zeichne ich in meinen Notizblock."

Sie zeichnet lange und kurze,

kräftig gezähnte und fein gefiederte,

herzförmig runde und

zusammengesetzte Blätter.

20 Dann zeichnet sie

die verschiedenen Gräser,

auf die der Vater hinweist.

„Ach, und überall leuchten bunte Blumen hervor",

freut sich die Mutter.

25 Die Kinder beobachten unzählige Tiere, die in der Wiese kriechen,

krabbeln oder umherfliegen. „Von hier unten sieht das wirklich

wie ein kleiner Dschungel aus", findet Lorenz.

Nun erklärt Vater: „Ohne die Menschen gäbe es keine Wiesen.

Wiesen entstehen nur, wenn sie mehrmals im Jahr geschnitten

30 oder vom Vieh abgeweidet werden."

„Wo das nicht geschieht, verwandelt sich die Wiese in eine Wildnis,

in der sich Sträucher und Bäume wieder ansiedeln",

fügt er hinzu und zeigt auf eine Wiese mit Schafen.

Dann sagt die Mutter: „Kommt, setzt euch! Wir machen ein Spiel!

35 Redet nicht und schließt die Augen. Dann könnt ihr besser hören.

Das ist jetzt wichtig. Wenn wir nämlich ganz still sind,

hören wir plötzlich jede Menge Geräusche.

Wir haben sie vorher gar nicht wahrgenommen."

Vater erklärt die Spielregel: „Wer ein Geräusch hört, benennt es.

40 Zum Beispiel: Eine Biene summt. Eine Hummel brummt.

Eine Maus raschelt. Ein Vogel singt. Eine Grille zirpt.

Die Gräser rascheln im Wind. Eine Fliege surrt. Eine Kuh muht.

In der Ferne bellt ein Hund.

Für jedes benannte Geräusch gibt es einen Punkt.

45 Wer die meisten Punkte hat, bekommt eine Überraschung."

Was ist eine Wiese?

1 Was ist eine Wiese?
 Futter für die Kuh.
 Und noch was dazu.
 Gras und Blumen, Schmetterlingsflügel.
5 Bienensummen.
 Ameisgekrabbel. Käfergezappel.
 Achtung, Maulwurfshügel!
 Margeriten.
 Rote Federnelken vor dem blauen Himmel.
10 Heupferd übt den Weitsprung bis zum Kümmel.
 Ein Kamillenbusch öffnet zwei Blüten.
 Sommerfliegen flitzen
 über Storchschnabelmützen.
 Hummeln brummeln im Honighaus
15 ein und aus.
 Glockenblumen bammeln und bummeln.
 Unten am Löwenzahn geigt eine Grillenschnarre.
 Der Wind spielt mit den Halmen Harfe oder Gitarre,
 alles regt sich oder bewegt sich,
20 alles, was da lebt und schwebt,
 leuchtet, knistert, flüstert, brummelt, bummelt –
 Was ist eine Wiese?
 – Das ist eine Wiese.

Friedl Hofbauer

1 Die Lehrerin führt die Kinder aus dem Garten in den Klassenraum.

Sie sagt: „Ihr habt mir einige Namen für dieselbe Blume genannt."

„Wie kommt die Blume wohl zu all diesen Namen?"

„Weil die Blätter an ihrem Rand

5 wie große, scharfe Zähne aussehen,

heißt die Blume Löwenzahn",

weiß Martin.

Sein Freund Ole erklärt:

„Weil man die reifen Samen

10 wegpusten kann,

heißt die Blume Pusteblume."

Klara sagt: „Wir nennen die Blume

Butterblume, weil ihre Blüten

so gelb wie Butter sind. Sie darf aber nicht

15 mit dem giftigen Hahnenfuß verwechselt werden."

Hannes sagt: „Wir sagen zu der Blume Milchkraut,

weil sie in ihren Stängeln einen weißen Saft hat."

„Bei uns zu Hause sagen wir zu der Pflanze Kuhblume,

weil sie auch auf Kuhweiden wächst", sagt Uta.

20 „Wir sagen aber zu der Pflanze Kettenblume,

weil man daraus Ketten flechten kann", sagt Lisa.

„Löwenzahn wächst bis weit in den Sommer hinein fast überall",

erzählt die Lehrerin. „Er blüht nicht nur auf Weiden und Wiesen,

sondern auch auf Wegen, zwischen Steinen, in Äckern und Gärten.

25 Es macht ihm nichts aus, wenn die Tiere auf ihm herumtrampeln.

Auch wenn die Wiese gemäht wird, bilden sich schnell neue Blüten."

„Übrigens schmecken die Löwenzahnblätter nicht nur den Kühen.
Die Löwenzahnblätter ergeben einen leckeren Salat", lacht Martin.
„Im Frühling sammeln wir die Löwenzahnblätter auf der Wiese.
30 Die kleinen, zarten und jungen Blätter schmecken am besten."

„Was meint ihr dazu", fragt die Lehrerin, „wenn wir uns morgen in
der Klasse einen Löwenzahnsalat zubereiten?"
Die Kinder stimmen begeistert zu.
„Sammelt die Blätter aber nicht an
35 einer stark befahrenen Straße",
ermahnt die Lehrerin, „denn die Pflanzen
nehmen die Schadstoffe der Autoabgase auf."

Martin schreibt das Rezept für die Klasse auf:

Löwenzahnsalat

Zutaten:

200 g	Löwenzahnblätter
	(vom Markt oder selbst gepflückt)
3 EL	Öl
1 Prise	Salz
1 Prise	Zucker
1 EL	Zitronensaft oder Weinessig
	etwas gehackte Petersilie und Schnittlauch

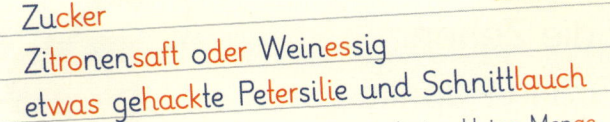

(EL heißt Esslöffel; g heißt Gramm; eine Prise ist eine kleine Menge.
Du kannst sie zwischen Daumen und Zeigefinger zum Essen hinzufügen.)

Zubereitung:
Wasche die Blättchen sorgfältig und zupfe sie klein.
Rühre die Salatsoße mit Öl, Salz, Zucker und Zitronensaft (Weinessig). Gib dann die
Kräuter hinein und leere die Soße über die zerkleinerten Löwenzahnblätter. Mische alles
durch. Der Salat schmeckt auch lecker mit Schinkenstückchen und gerösteten Zwiebeln
oder mit etwas Senf und gekochten Eiern oder mit Karottenstreifen und etwas Sauerrahm.

Gemüseball

1 Gestern Abend auf dem Ball
tanzte Herr von Zwiebel
mit der Frau von Petersil.
Ach, das war nicht übel.

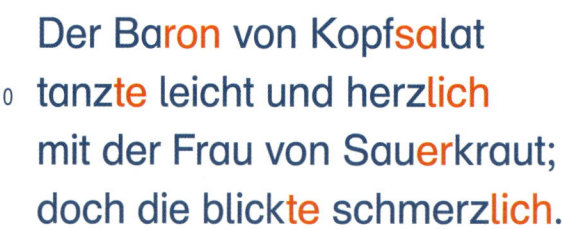

5 Die Prinzessin Sellerie
tanzte fein und schicklich
mit dem Prinzen Rosenkohl.
Ach, was war sie glücklich!

Der Baron von Kopfsalat
10 tanzte leicht und herzlich
mit der Frau von Sauerkraut;
doch die blickte schmerzlich.

Ritter Kürbis, groß und schwer,
trat oft auf die Zehen.
15 Doch die Gräfin Paprika
ließ ihn einfach stehen.

Heute Abend auf dem Ball
tanzt die Frau Melisse
mit dem Herrn von Majoran,
20 tritt ihm auf die Füße.

Werner Halle

Mit dem Förster im Wald

1 Mit dem Bus fahren die Lehrerin und die Kinder bis an den Waldrand.
Dort erwartet sie der Förster. Er hat seinen Hund mitgebracht.
„Ich führe meinen Hund immer an der Leine", erklärt der Förster,
„damit er die Waldtiere nicht aufscheucht."
5 Die Kinder bleiben auf den Wegen.

Der Förster zeigt den Kindern
zuerst eine große alte Buche.
„Sie ist bestimmt 200 Jahre alt", sagt er,
„denn ihr grauer und glatter
10 Stamm zeigt einige Furchen."
Lukas schaut nach oben und ruft:
„Die Blätter bilden ja ein Dach.
Da kommt kaum Sonne durch und
der Regen tröpfelt nur langsam
15 von Blatt zu Blatt auf die Erde."
„Gut beobachtet!", lobt ihn der Förster.
„Wenn der Regen nur tröpfelnd den Boden
erreicht, kann die Erde das Wasser gut aufnehmen
und sie wird nicht weggeschwemmt. Das dichte
20 Blätterdach lässt auch wenig Sonne durch. Deshalb gibt es im
Laubwald kaum Blumen. Alle Pflanzen brauchen Licht zum Wachsen."

Der Förster fordert die Kinder auf: „Schaut euch die Wurzeln genau an."
Ole meint: „Die dicken, langen Wurzeln sehen wie starke Äste aus."
„Ja", sagt der Förster. „An ihnen wachsen viele Wurzelhaare.
25 Sie saugen das Wasser mit den Nährstoffen aus der Erde.
Der Baumstamm leitet es durch die Äste und Zweige bis zu den
obersten Blättern."

Der Förster nimmt ein paar
Buchenblätter mit. Die Kinder finden
30 noch Bucheckern im alten Laub.
Man kann sie leider nicht mehr
schälen und essen.

Jetzt führt der Förster die Kinder zu einer mächtigen Eiche.
„Schaut euch die Blätter der Eiche an und
35 vergleicht sie mit den Blättern der Buche."
Die Kinder bemerken auch die rissige
Borke der Eiche und finden noch
alte Eicheln unter dem Baum.

Es ist Zeit für das Picknick vor der Heimfahrt. Unter der Eiche
40 packen die Kinder ihr Vesper aus und essen mit großem Appetit.
Plötzlich schreit ein Junge: „Huch, da sind Ameisen! Gerade hat
mich eine gebissen."
Die Lehrerin fragt: „Hast du Süßigkeiten dabei?"
Der Junge nickt mit schlechtem Gewissen: „Ich weiß:
45 Bei Waldausflügen darf man keine Süßigkeiten mitnehmen,
weil sie die Ameisen anlocken."
„Jetzt hast du erfahren, warum es diese Regel gibt",
sagt die Lehrerin.

Sie kündigt eine Unterrichtsstunde an, in der es nur um Ameisen
50 geht. Die Kinder freuen sich und schauen sich die Ameisenstraße
genau an.
Dann packen sie zusammen und gehen zurück zum Bus.

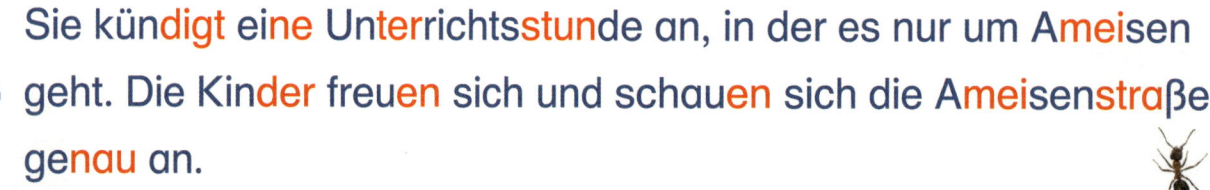

Die Rote Waldameise

1 Im Wald entdecken wir manchmal
einen runden Haufen aus Tannennadeln
und kleinen Holzstückchen. In diesem
Hügel lebt ein **Ameisenvolk**.
5 Dazu gehören eine oder mehrere
Königinnen, etwa eine Million
Arbeiterinnen und im Sommer
auch einige Männchen, die Drohnen.

Arbeitsteilung

Die **Arbeiterinnen** legen Gänge und
10 Kammern an. Die **Königin** legt ihre
Eier hinein. Die Arbeiterinnen schaffen
Nahrung herbei und pflegen die Brut.
Außerdem verteidigen sie ihren Bau gegen
Feinde. Sie beißen und spritzen ihr Gift in die
15 Wunde. Für Menschen ist das ungefährlich. Es ist
nur schmerzhaft. Die **Drohnen** (Männchen) sind für die
Befruchtung der Königin wichtig. Eine Königin kann
20 Jahre alt werden und eine Million Eier legen.
Aus den Eiern schlüpfen Larven. Daraus
20 entwickeln sich die jungen Ameisen.
Ameisen halten Winterschlaf.

Der Körper

Der **Körper** der Ameise besteht
aus drei Teilen: Der **Kopf** trägt
25 große Oberkiefer. Mit ihnen
zerkleinern und transportieren
sie Baumaterial und Nahrung.
Mit den zwei Fühlern können sie
sich verständigen, schmecken,
riechen und fühlen. An den Seiten
30 befinden sich die Augen.
Der **Mittelleib** trägt die drei Beinpaare und
die Flügel. Nur die Königin und die Drohnen haben
Flügel. Nach dem Hochzeitsflug wirft die Königin
die Flügel ab und gründet ein neues Volk. Die
35 Drohnen sterben danach. Der **Hinterleib** ist aus
Ringen zusammengesetzt. Er besitzt eine Giftdrüse,
aus der dem Angreifer die Ameisensäure
entgegengespritzt wird.

Der Querschnitt eines Ameisenbaus

Mittelleib Kopf Hinterleib

Rekord

1 3,50 Meter ist
die Spannweite,
wenn der
Wanderalbatros
5 seine Flügel
ausbreitet.
Da kann kein
anderer Vogel
mithalten.

Held der Lüfte

1 New York, 20. Mai 1927:
Charles Lindberg klettert
in sein Flugzeug, die
„Spirit of St. Louis".
5 Sein Plan ist abenteuerlich:
Als erster Mensch will er
ohne Zwischenlandung
den Atlantik überfliegen.
In der Nacht erkennt er aus
10 der Luft die Eisberge im
Meer. Stunden vergehen.
Er darf nicht einschlafen.
Er öffnet das Seitenfenster.
Die kalte Luft hält ihn wach.
15 Das Flugzeug hat keine
Frontscheibe. Ein großer
Benzintank verdeckt dem
Piloten die Sicht.
Nachdem er schon über
20 einen Tag in der Luft ist,

sieht Lindberg die
ersten Fischerboote.
Er erkennt die Küste
Frankreichs und folgt
25 einem Flusslauf.
Paris erkennt er am
Eiffelturm. Nach
33 Stunden landet
er schließlich in Paris.
30 150 000 Schaulustige
bejubeln seine Landung.

Heute sind Flüge über
den Atlantik längst Alltag
geworden.
35 Damals war Charles
Lindbergs Flug eine
Meisterleistung.

Das erste Motorflugzeug

1 Die Brüder Wilbur und
Orville Wright aus den USA
hatten eine Fahrradfabrik.
Ihr größtes Interesse galt
5 aber dem Fliegen. Sie bauten
einen Benzinmotor in ihren
Doppeldecker ein.
Am 17. November 1903 war
es so weit. Der erste Flug
10 dauerte 12 Sekunden und sie
flogen 36 Meter weit. Doch
schon beim vierten Versuch
schafften die Brüder
260 Meter. Fast eine Minute
15 war der Flieger in der Luft.

Otto Lilienthal

1 Viele Jahre
beobachteten die
Brüder Otto und
Gustav Lilienthal
5 Störche. Dann
bauten sie einen
Flugapparat.
1891 flog Otto
25 Meter weit.
10 Sie bauten
immer neue
Fluggeräte und
führten 2000
Flüge durch.

15 Für die
Flugversuche
schütteten sie
einen 15 Meter
hohen Berg auf.
20 Am 9. August
1896 stürzte Otto
ab und starb.

In Berlin kann
man heute
25 noch den
„Fliegerberg"
besichtigen.

Der Hubschrauber

1 – hat einen Rotor mit vier Rotorblättern.
   Hinten am Heck hat er noch einen kleinen Rotor.
   – ist schwieriger zu steuern als ein Flugzeug.
   Der Pilot braucht immer beide Hände und Füße.
5 – hat zwei große Vorteile: Er kann auf kleinstem
   Raum starten und landen und er kann in der Luft
   stehen.
   In vielen Städten gibt es auf Krankenhäusern
10 Landeplätze für Hubschrauber.

Airbus A 380

1 Die größte Passagiermaschine ist
   der Airbus A 380. Es können bis
   zu 853 Passagiere mitfliegen.
   Weil das Flugzeug so groß ist,
5 wurden viele Flughäfen extra
   umgebaut. Das Rollfeld musste
   viel weiträumiger werden und
   die Landebahn länger.

Modellflieger

1 Wenn du ein Flugzeug steuern
   willst, musst du nicht gleich drin
   sitzen. Als Modellflieger darfst
   du ferngesteuerte Modelle mit
5 weniger als fünf Kilo Gewicht
   fliegen.
   In Deutschland gibt es über
   1300 Modellflugvereine mit
   Flugplätzen.

Drachen in der Luft

1 Ein Hängegleiter ist ein kleines Fluggerät ohne
   Motor. Der Pilot nimmt mit dem Drachen an
   einem Hang Anlauf und springt ab.
   Was vor 120 Jahren für Otto Lilienthal ein
5 gefährliches Abenteuer war, ist heute ein
   beliebtes Hobby.

Die Welt um uns – mit Texten umgehen

Wie die Bohnen wachsen, S. 83/84

1. Lest in jeder Gruppe den Text mit verteilten Rollen:
Erzähler, Mutter, Laura, Lorenz.
Achtet darauf, mit welchen Wörtern beschrieben wird,
wie jemand etwas sagt: „Mutter lacht", „Mutter erzählt" …

2. Lest in der Klasse den Text vor. Die Gruppen wechseln sich ab.

3. Pflanzt Bohnen und schreibt ein Bohnen-Tagebuch.

4. Wer sind die Eisheiligen? Erkläre mit eigenen Worten.

Die Wiese, ein kleiner Dschungel, S. 85/86

1. Lies den Text abwechselnd mit einem Partner.

2. Überlegt gemeinsam: Was kann man auf einer Wiese sehen?
Was kann man auf einer Wiese hören?

3. Erkläre mit eigenen Worten: Wie sorgen die Menschen dafür,
dass es Wiesen gibt?

4. Gestaltet ein Plakat mit Wiesenpflanzen:
Jeder malt oder fotografiert eine Wiesenblume. Stellt alle Bilder
zusammen und hängt das Plakat im Klassenzimmer auf.

Was ist eine Wiese?, S. 87

1. a) Welche Pflanzen und Tiere aus dem Gedicht kennst du (Lesetipp 5)?
Vergleiche mit einem Partner.

   b) Welche Pflanzen und Tiere aus dem Gedicht kennt ihr nicht?
Schaut in der Bibliothek oder im Internet nach.

   c) Sucht in der Klasse alle Tiere und Pflanzen auf dem Bild,
die im Gedicht genannt sind.

2. Schreibt kurze Wiesengedichte. Die Reime helfen euch:
Schmetterlingsflügel – Maulwurfshügel, flitzen – schwitzen,
summen – brummen, krabbeln – zappeln

Der Löwenzahn hat viele Namen, S. 88/89

1. Welche Namen hat der Löwenzahn bei euch?

2. Wo wächst Löwenzahn in deiner Umgebung? Nenne drei Orte.
Beschreibe sie oder mache ein Foto.

3. Bereitet einen Löwenzahnsalat zu. Wie hat er euch geschmeckt?

Der Gemüseball, S. 90

1. Kennt ihr alle Gemüse- und Kräutersorten,
   die im Gedicht vorkommen? Die Bilder helfen euch.

2. Erklärt die Wörter: ein Ball, ein Baron, eine Gräfin.

3. Lest das Gedicht mit einem Partner:
   - Teilt die fünf Strophen unter den Gruppen der Klasse auf.
     Jeder stellt ein Gemüse dar und liest seine zwei Zeilen.
   - Fünf Gruppen tragen das Gedicht vor.
     Jeder malt sich dafür ein Bild zum Umhängen.
   - Die Zuhörer bewerten den Vortrag.

Mit dem Förster im Wald, S. 91/92

1. Stellt ein Quiz mit zehn Fragen zusammen (Lesetipp 4).
   Tauscht sie in der Klasse aus und beantwortet sie.
   Stichwörter sind: Buche, Blätterdach, Eiche, Wurzeln, Ameisen.

2. Plant in der Klasse einen Besuch im Wald. Woran müsst
   ihr denken? (Fahrplan, Wanderkarte, Kleidung, ...)

Die Rote Waldameise, S. 93

Lesetipp 7 – Auf fett gedruckte Wörter achten
Wichtige Wörter sind oft fett gedruckt, unterstrichen oder eingefärbt.
Das hilft dir, den Text besser zu verstehen.

1. Lies den Text. Achte auf die fettgedruckten Wörter.

2. In einem Ameisenvolk hat jede Ameise ihre Aufgabe.
   Was sind die Aufgaben der Königin, der Arbeiterinnen, der Männchen?

3. Beschreibe den Körperbau einer Ameise.

4. Der Text ist aus einer Zeitschrift für Kinder.
   Welche Zeitschriften und Zeitungen für Kinder kennst du?

Der Traum vom Fliegen, S. 94/95

1. Vor dem Lesen: Was weißt du über das Thema? (Lesetipp 5)
   Bist du schon einmal geflogen? Erzähle.

2. Schaue dir die Überschriften an. Was willst du zuerst lesen? Warum?

3. Lies die Texte. Welcher hat dir am besten gefallen? Begründe.

Märchenhafte Welten

Der gestiefelte Kater

Das Erbe des Müllers

1 Es war einmal ein Müller, der hatte drei Söhne.

Der Müller besaß eine Mühle, einen Esel und einen Kater.

Als er starb, erbte der älteste Sohn die Mühle,

der nächste bekam den Esel und der jüngste Sohn erhielt den Kater.

5 „Ach, ich armer Tropf",

klagte der Jüngste.

„Mein großer Bruder

kann für die Bauern

das Korn mahlen und

10 Geld verdienen.

Der hat's gut."

Er seufzte laut und

klagte weiter:

„Mein anderer Bruder

15 kann wenigstens auf dem Esel reiten." Er wurde traurig und

jammerte: „Und ich? Was soll ich mit so einem Kater anfangen?

Vielleicht lasse ich mir warme Handschuhe aus seinem Fell machen."

Der Kater hatte alles gehört und verstanden.

„Halt", sagte er, „verzichte auf mein Fell und töte mich nicht.

20 Ich kann dir anders nützlicher sein. Lass mir ein Paar Stiefel machen,

und zwar aus bestem Leder. Du wirst es nicht bereuen."

Der Müllersohn war erstaunt über den Wunsch seines Katers.

Doch er ließ feinste Stiefel von einem Schuster anfertigen

und zahlte sie von seinem letzten Geld.

25 Der Kater schlüpfte mit den Hinterpfoten in die vornehmen Lederstiefel,

verabschiedete sich und ging aufrecht wie ein Mensch davon.

Die Rebhühner für den König

Der Kater hatte einen großen Sack dabei

mit ein paar Handvoll Körnern darin.

Den Sack konnte man oben mit einer Schnur zuziehen.

30   Zu dieser Zeit herrschte im Land ein König,

der am liebsten Rebhühner aß.

Es gab viele Rebhühner im Wald und auf den Wiesen.

Aber sie waren so scheu, dass kein Jäger sie schießen konnte.

Gern hätte der König viel Geld für einen saftigen Rebhuhnbraten

35 gezahlt.

Das alles wusste der Kater. Er schlich leise in den Wald.

Auf einer Lichtung legte er den großen Sack weit offen hin

und breitete darauf die Körner aus.

Die Schnur, mit der man den Sack zuziehen konnte,

40 legte er ins Gras bis zu einem dichten Busch.

Dort versteckte er sich und behielt das Ende der Schnur in der Pfote.

Bald kam das erste Rebhuhn aus dem Wald und bemerkte die

verlockenden Körner. Es schaute sich scheu und vorsichtig um.

Dann hüpfte es auf den Sack und

45 pickte ein Korn nach dem anderen auf.

Ein zweites Rebhuhn kam, ein drittes,

bald waren viele Rebhühner da.

Darauf hatte der Kater gewartet.

Mit einem Schwung – schnapp –

50 zog er an der Schnur und verschloss den Sack.

Die Rebhühner waren gefangen.

Jetzt ging der Kater geradewegs zum Schloss.

„Halt", rief der eine Wachsoldat, „ein Kater kann nicht zum König!"

„Lass ihn nur", sagte der andere, „dem König ist oft langweilig,

55 da ist so ein Kater eine lustige Abwechslung."

Als der gestiefelte Kater vor dem König stand,
legte er den Sack vor sich hin und
machte eine tiefe Verbeugung.
Nun sprach er: „Mein Herr,
60 der große Graf Nhosrellüm,
schickt mich. Mit vielen Grüßen
überreiche ich Ihnen
diesen Sack voller Rebhühner.
Mein Herr hat sie soeben gefangen."
65 Der König war sehr überrascht.
Hoch erfreut nahm er die kostbaren Rebhühner an.
Er ließ dem Kater aus Dankbarkeit so viel Gold geben,
wie dieser in seinem Sack tragen konnte.

Als der Kater zurück zum Müllersohn kam, leerte er den Sack
70 mit dem Gold vor ihm aus und sagte: „Hier hast du etwas für
die Stiefel. Vom König bringe ich Grüße und Dank."
Damit setzte er sich, zog seine Stiefel aus und erzählte alles.
Der Müllersohn freute sich sehr über das Gold –
und über seinen Kater.
75 Am nächsten Tag ging der Kater wieder auf Rebhuhnfang.
Er brachte seine Beute dem König und das Gold dem jungen Müller.
So ging es immer weiter. Bald durfte der Kater wie ein guter Freund
im Schloss aus und ein gehen.

Einmal kam er in die Schlossküche und hörte den Kutscher

80 schimpfen: „Zum Donnerwetter! Ich habe Feierabend und muss die

Prinzessin doch am See spazieren fahren! Das ärgert mich sehr!"

Als der Kater das hörte, rannte er schnell heim zum Müllersohn.

„Wenn du noch reicher und dazu noch ein Graf werden willst,

gehe jetzt mit mir an den See und bade darin."

85 Der junge Müller tat, was der Kater wollte.

Am See zog er die Kleider aus

und stieg ins Wasser.

Der Kater nahm die Kleider

und versteckte sie sorgfältig.

Die Kutschfahrt des Königs

90 Da rasselte schon die Kutsche des Königs heran.

Jetzt fing der Kater an, laut zu jammern und zu klagen:

„Ach, verehrter König, mein Herr, Graf Nhosrellüm, badet im See

und kann nicht heraus. Ein Dieb hat seine Kleider gestohlen.

Ach, so ein Unglück! Mein Herr, Graf Nhosrellüm, wird sich erkälten."

95 Der König schickte sofort einen Diener zum Schloss zurück.

Der brachte Kleidung aus dem Schrank des Königs.

Der Müller zog die Kleider an. Er sah aus wie ein richtiger Graf.

Der König lud den Grafen zu einer Spazierfahrt ein,

denn er war ihm sehr dankbar für die vielen Rebhühner.

100 Die Prinzessin hatte nichts dagegen, der junge Graf gefiel ihr.

Der Kater eilte voraus. Er kam an einer großen Wiese vorbei,

wo über hundert Leute waren und Heu machten.

„Wem gehört diese Wiese, ihr Leute?", fragte er.

„Dem großen Zauberer", war die Antwort.

105 „Passt auf, ihr Leute", sagte nun der Kater.

„Gleich kommt der König in seiner Kutsche vorbeigefahren.

Wenn er fragt, wem die Wiese gehört, müsst ihr sagen:

‚Sie gehört dem Grafen.' Sagt ihr das nicht, werdet ihr hart bestraft."

Der Kater eilte weiter, ohne auf eine Antwort zu warten.

110 Bald kam er an ein riesengroßes Kornfeld,

da waren über zweihundert Leute und schnitten das Korn.

Das Korn gehörte dem Zauberer. Aber der Kater rief:

„Ihr müsst sagen: ‚Es gehört dem Grafen.'

Sagt ihr das nicht, werdet ihr hart bestraft."

115 Dann eilte er weiter und kam an einen prächtigen Wald
des Zauberers. Da machten mehr als dreihundert Leute Holz.
Der Kater verlangte auch von ihnen:
„Ihr müsst sagen: ‚Das Holz gehört dem Grafen.'
Sagt ihr das nicht, werdet ihr hart bestraft."

120 Wieder eilte der Kater weiter. Die Waldarbeiter sahen ihm nach.
Sie fürchteten sich vor diesem Kater, der vornehme Stiefel trug
und aufrecht ging wie ein Mensch. War das Zauberei?

Der Kater beim Zauberer

Nun kam der Kater zum Schloss des Zauberers.

125 Er ging hinein und fand den Zauberer in seinem Zauberzimmer.
„Hochverehrter, großer Zauberer!", verneigte sich der Kater.
„Ich habe gehört, dass du dich in jedes Tier verwandeln kannst,
egal, wie groß es ist. Stimmt das wirklich?"

„Oh ja, das ist eine Kleinigkeit für mich", lächelte der Zauberer.
130 Er fühlte sich geschmeichelt und bewundert.
„Ich kann mich in das größte Tier verwandeln", sagte er,
und schon stand ein Elefant vor dem Kater.
„Das ist sehr gut!", sagte der Kater.

„Aber kannst du dich auch in einen Löwen verwandeln?"

135 Gleich stand der Zauberer als ein Löwe da.

Der Kater tat, als ob er sich erschrocken hätte,

und sagte: „Deine Zauberei ist großartig.

Aber kannst du dich auch in eine winzige Maus verwandeln?

Das wird für dich doch zu schwer sein – bei deiner Größe!"

140 Der Zauberer lächelte: „Pass nur auf, du kleiner Kater!"

Schwupp, sprang er als Mäuschen im Zimmer herum.

Da machte der Kater einen Satz, fing die Maus und fraß sie auf.

Die Hochzeit

Der König war mit der Prinzessin und dem Grafen weitergefahren.

Nun kamen sie zu der großen Wiese und der König fragte:

145 „Wem gehört diese Wiese?"

„Sie gehört dem Grafen", antworteten die Leute.

So hatte es der Kater ihnen befohlen.

„Das ist ein schönes Stück Land, Herr Graf", sagte der König.

Sie fuhren weiter und kamen zum Kornfeld.

150 „Wem gehört das Korn, ihr Leute?", fragte der König.

„Es gehört dem Grafen", antworteten sie aus Angst vor dem Kater.

„Oh, das ist eine schöne, große Ernte", sagte der König zum Grafen.

Dann kamen sie zum großen Wald.

„Wem gehört das Holz, ihr Leute?", fragte der König.

155 „Es gehört dem Grafen", antworteten sie.

„Ihr müsst ein reicher Mann sein, Herr Graf.

Ich selbst habe keinen so schönen,

großen Wald", sagte der König und klopfte

dem Grafen anerkennend auf die Schulter.

160 Als die Kutsche zum Schloss des Zauberers kam,

stand der Kater oben auf der breiten Treppe am Eingang.

Er eilte zur Kutsche und begrüßte den König und die Prinzessin:

„Ihr steht vor dem Schloss des Grafen. Herzlich willkommen!"

Der Kater ging voraus in das prächtige Schloss.

165 Der König folgte mit dem Grafen, der die Prinzessin an der Hand hielt.

In den Sälen glitzerte es nur so von Gold und Edelsteinen.

Der König war tief beeindruckt und der Prinzessin gefiel es auch.

Bald heirateten die Prinzessin und der Graf.

Und als der König starb, wurde der Graf der neue König.

170 Der gestiefelte Kater aber wurde sein erster Minister.

Nach einem Märchen der Brüder Grimm

Ein kleines Rätsel zum Schluss:

Du hast gemerkt, dass der Kater ein schlauer Kerl ist.

Er weiß, dass sein Herr, der Müllersohn,

als Graf einen ungewöhnlichen Namen haben muss.

175 Graf Schmidt oder Graf Müller geht ja nicht. Finde heraus,

wie der Kater auf den Namen des Grafen kommt.

Frau Holle

1 Eine Witwe hatte zwei Töchter, eine war hässlich und faul,
die andere war schön und fleißig. Die Witwe hatte die hässliche
und faule Tochter lieb, denn sie war ihr leibliches Kind.
Die andere Tochter musste arbeiten.

Die fleißige Tochter

5 Jeden Tag musste sie sich
neben dem Dorfbrunnen
an das Spinnrad setzen
und so lange spinnen,
bis ihr die Finger bluteten.
10 Einmal wurde die Spule sehr blutig.
Das Mädchen wollte sie im Brunnen abwaschen,
dabei glitt ihm die Spule aus der Hand und fiel in den tiefen
Brunnen. Wie das Mädchen da erschrak! Weinend lief es zur
Stiefmutter. Die aber schimpfte böse: „Du hast die Spule verloren,
15 jetzt hole sie auch wieder!"

Verzweifelt lief das Mädchen zum Brunnen. Was konnte es tun?
In seiner Angst und Verzweiflung sprang es in den Brunnen hinein,
um die Spule zu holen. Da verlor es die Besinnung.
Als das Mädchen wieder erwachte, lag es auf einer schönen Wiese.
20 Tausend Blumen leuchteten und die Sonne strahlte vom Himmel.

Aber wo war die Spule? Das Mädchen sprang auf und
machte sich sofort auf die Suche.

Auf dem Weg kam es zu einem Backofen,
in dem viele Laibe Brot lagen.
25 „Zieh uns heraus, zieh uns heraus,
sonst verbrennen wir!
Wir sind fertig gebacken!"
So hörte das Mädchen
die Brotlaibe rufen.
30 Gleich nahm es den Brotschieber
und holte alle Brote aus dem Ofen.

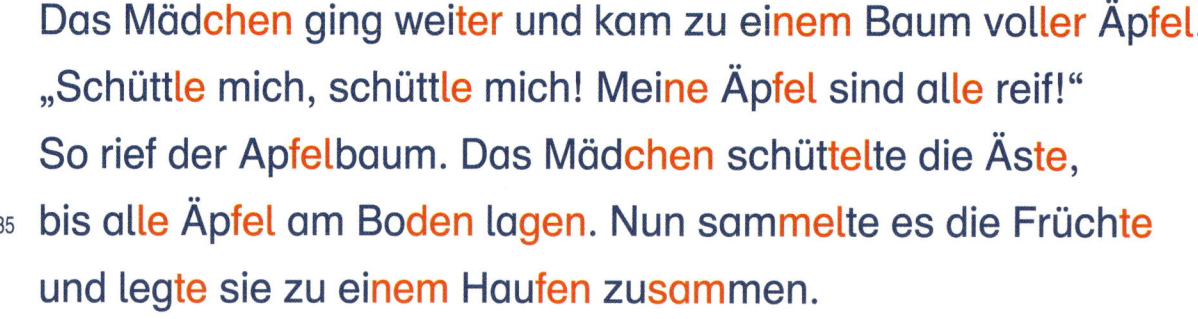

Das Mädchen ging weiter und kam zu einem Baum voller Äpfel.
„Schüttle mich, schüttle mich! Meine Äpfel sind alle reif!"
So rief der Apfelbaum. Das Mädchen schüttelte die Äste,
35 bis alle Äpfel am Boden lagen. Nun sammelte es die Früchte
und legte sie zu einem Haufen zusammen.

Es lief weiter und kam zu einem Haus.
Eine seltsame alte Frau guckte heraus.
Das Mädchen bekam Angst und
40 wollte schon fliehen.
Da sagte die Frau freundlich:
„Hab keine Angst, liebes Kind.
Wenn du willst, kannst du bleiben.
Du wirst es bei mir gut haben, wenn du alle Arbeiten im Haus
45 ordentlich machst."

Die alte Frau sprach weiter: „Mein Bett musst du sorgfältig machen.

Die Decke musst du so kräftig am Fenster aufschütteln,

dass die Federn fliegen. Dann schneit es auf der Welt.

Ich bin nämlich die Frau Holle."

50 Das Mädchen fürchtete sich nicht mehr. Es wusste auch nicht,

wohin es sonst gehen sollte. Deshalb nahm es die Arbeit an.

Fleißig erledigte es alle Hausarbeiten.

Es schüttelte die Decke so gut,

dass die Federn

55 wie Schneeflocken

umherflogen.

Frau Holle war sehr zufrieden mit dem fleißigen Mädchen.

Eine ganze Zeit verging. Das Mädchen hatte es gut bei Frau Holle,

trotzdem sehnte es sich nach Hause zurück.

60 Traurig klagte es: „Liebe Frau Holle, ich habe Heimweh und

möchte wieder zu meiner Familie."

„Du hast mir treu gedient", antwortete Frau Holle,

„ich will dir auf den Weg helfen."

Sie nahm das Mädchen bei der Hand und führte es an ein Tor.

65 Als das Mädchen durch das Tor schritt, regnete es lauter Gold,

und alles Gold blieb an ihm hängen.

„Das sollst du als Lohn haben", lächelte Frau Holle.

Sie gab dem Mädchen auch die Spule wieder,

die in den Brunnen gefallen war. Das Tor schloss sich.

70 So reich beschenkt kam das Mädchen ins Dorf zurück.

Der Hahn begrüßte das Mädchen vor dem Hof der Mutter.

Er saß auf dem Brunnen

und krähte fröhlich:

„Kikeriki,

75 unsere Goldmarie

ist wieder hie!"

Die Mutter und die Schwester freuten sich,

dass das Mädchen so viel Gold ins Haus brachte und

begrüßten es freundlich.

Die faule Tochter

80 Natürlich wollten sie genau wissen,

wie das Mädchen zu diesem Reichtum gekommen war.

Das Mädchen erzählte alles, was es erlebt hatte.

„Geh doch auch zu Frau Holle!", ermunterte die Mutter ihre faule

und hässliche Tochter. „Lass dich auch mit Gold beregnen!

85 So wirst du am schnellsten reich."

Ja, das wollte die Tochter tun.

Sie setzte sich also ans Spinnrad am Brunnen.

Aber sie wollte nicht so lange spinnen, bis die Finger bluteten,

deshalb stach sie sich an einem Dornbusch in einen Finger.

90 Ein kleiner Tropfen Blut kam heraus,

diesen Tropfen tupfte sie auf die Spule.

Nun warf sie die Spule in den Brunnen, sprang gleich hinterher

und fiel auf die schöne Wiese wie ihre Schwester.

Sie ging denselben Weg wie sie und kam auch zum Backofen.

95 Die Brote riefen: „Zieh uns heraus, zieh uns heraus,

sonst verbrennen wir! Wir sind schon längst fertig gebacken!"

Die faule Tochter antwortete aber: „Nein, das tu ich nicht.

Ich will mich doch nicht schmutzig machen."

Gleich ging sie weiter zum Apfelbaum und hörte, wie er rief:

100 „Schüttle mich, schüttle mich!

Die Äpfel sind alle reif."

„Nein, nein", antwortete sie,

„das tu ich nicht. Mir könnte ja

ein Apfel auf den Kopf fallen.

105 Nein, nein!"

Vor Frau Holle fürchtete sich die faule Tochter nicht,

sondern sie war gleich bereit, ihre Dienstmagd zu sein.

Am ersten Tag zeigte sich die Faule besonders fleißig

und schüttelte die Bettdecke kräftig auf.

110 Aber schon am nächsten Tag war ihr das Faulenzen lieber.

Am dritten Tag wollte sie gar nicht aufstehen und

erst recht nicht die Decke aufschütteln.

Da sagte Frau Holle: „Geh wieder heim!

Eine Dienstmagd wie dich kann ich nicht gebrauchen."

115 Das war der faulen Tochter nur recht.

„Je früher der Goldregen kommt, desto besser", lachte sie leise.

Sie wollte ein wenig länger unter dem Torbogen stehen bleiben.

Frau Holle führte die faule Tochter zum Tor.

Die stellte sich unter das Tor und freute sich schon auf das Gold.

120 Aber es kam kein Goldregen. Nur Pech floss in Strömen herab,

bis die faule Tochter ganz schwarz und klebrig war.

„Das ist dein Lohn", sagte Frau Holle und schloss das Tor.

Als die faule Tochter nach Hause kam,

krähte der Hahn auf dem Brunnen schadenfroh:

125 „Kikeriki,

unsere Pechmarie

ist wieder hie!"

Nach einem Märchen der Brüder Grimm

Ihr könnt euch die Geschichte von
Frau Holle auch als Märchenfilm ansehen.

Joshi, der Steinmetz

1 Vor langer Zeit lebte in den Bergen Japans
   ein Steinmetz namens Joshi.
   Er war ein armer Mann mit einem krummen Rücken
   und schwieligen Händen vom Behauen der Steine.
5 Die Leute erzählten sich, dass in den Bergen,
   in denen Joshi arbeitete, ein Geist lebte.
   Sie glaubten, dass er Wünsche erfüllte.
   Doch Joshi hatte den Geist nie gesehen.

   Eines Tages brachte Joshi Steine zum Haus eines reichen Mannes.
10 Joshi mochte das schöne Zuhause des reichen Mannes,
   seine seidenen Gewänder und seine sauberen, weichen Hände.
   „Oh, ich wünschte, ich könnte ein reicher Mann sein",
   flüsterte Joshi. Da kam ein kühler Wind auf
   und der Berggeist erschien. Er säuselte:
15 „Dein Wunsch wird erfüllt, Joshi –
   du sollst nun ein reicher Mann sein."
   Als Joshi nach Hause kam, hatte sich seine Hütte
   in ein schönes Haus verwandelt. Joshi war reich.
   Er räumte sein Werkzeug weg und ruhte sich aus,
20 während er aus dem Fenster sah.

   Es wurde heiß an diesem Tag. Joshi sah einen Prinzen vorbeiziehen.
   Bedienstete fächelten dem Prinzen zu, um ihn zu kühlen,
   und schützten ihn mit goldenen Schirmen vor der Sonne.
   „Ich wünschte, ich wäre ein Prinz", sagte Joshi.
25 Da sagte der Geist: „Dein Wunsch wird erfüllt, Joshi –
   du sollst nun ein Prinz sein."

Nun war Joshi ein Prinz, wurde in einer Sänfte getragen und
hatte Bedienstete. Sie schützten ihn mit goldenen Schirmen
vor der Sonne. Prinz Joshi lächelte.

30 Bald wurde es Prinz Joshi sehr heiß – sogar die Schirme halfen
nichts. Als er Wasser auf seine Haut spritzte, ließ die heiße Sonne
es gleich wieder trocknen.
„Die Sonne ist viel mächtiger als ich", murmelte Joshi.

„Ich wünschte, ich wäre die Sonne."
35 Da sprach der Geist wieder:
„Dein Wunsch wird erfüllt, Joshi –
du sollst nun die Sonne sein."

Joshi fühlte, wie er zum Himmel aufstieg und zu scheinen begann.
Er war wirklich die Sonne! Er sandte seine kraftvollen Strahlen
40 zur Erde. Joshi schien heißer. Er ließ die Menschen schwitzen
und verbrannte ihre Haut. Er ließ das Land verdorren
und das Gras welken. Alles konnte seine Macht spüren.

Eines Tages konnte Joshi, die Sonne, den Boden nicht sehen.
Eine Wolke war ihm im Weg. Er schien mit aller Macht,
45 aber die Wolke wollte nicht weichen.
„Kann eine Wolke meine Kraft vernichten?", schrie Joshi.
„Dann wünschte ich, ich wäre eine Wolke."
„Dein Wunsch wird erfüllt, Joshi –
du sollst eine Wolke sein",
50 antwortete der Geist.
Joshi verwandelte sich in eine große, dicke graue Wolke.
Er beendete die Hitze der Sonne und spendete
den Menschen Schatten. Dann begann er zu regnen.

Joshis Regen ließ Ströme und Flüsse anschwellen und

55 am Boden Pfützen entstehen. Bald wurde das Gras wieder grün

und die Feldfrüchte begannen zu wachsen.

Joshi, die Wolke, regnete stärker und stärker.

Die kleinen Bäche in den Bergen wurden zu großen Wasserfällen.

Flüsse traten über die Ufer und überschwemmten die Feldfrüchte.

60 Die Wasserflut strömte reißend die Straßen hinab und ergoss sich

in die Dörfer. Nur die riesigen Felsen der Berge standen fest

und wollten sich nicht bewegen.

„Felsen sind mächtiger als Wolken", murrte Joshi.

„Ich wünschte, ich wäre ein Fels."

65 Der Geist antwortete:

„Dein Wunsch wird erfüllt, Joshi –

du sollst nun ein Fels sein."

Nun war Joshi ein Fels –

riesig, hart und massiv.

70 Er fürchtete nicht den Regen und nicht die Sonne.

„Nichts kann stärker sein als ich", prahlte er.

Da spürte Joshi, der Fels, dass Werkzeuge in ihn hineinschnitten.

„Ein Steinmetz ist stärker als ich!", sagte Joshi.

„Ich wünschte, ich wäre wieder ein Mensch."

75 Der Berggeist lächelte. „Dein Wunsch wird erfüllt, Joshi –

du sollst nun ein Mensch sein."

Joshi, der Steinmetz, ergriff seine Werkzeuge und begann

zu arbeiten. Sein Rücken war krumm und er war arm –

aber jetzt war er glücklich.

Becca Heddle

König Watzmann

1 Die Gegend, durch welche heute die Grenze
zwischen Salzburg und dem Lande Bayern verläuft,
gehörte einst einem mächtigen König.
Sein Name war Watzmann

5 und er war ein gewalttätiger Herr,
der seine Untertanen grausam unterdrückte
und auf jede Weise quälte.

Eines Tages ließ er anstatt der Rösser die armen Bauern
vor den Pflug spannen und hetzte seine Hunde hinter ihnen her.

10 Die Bauern rannten, was sie konnten.
Dabei stieß einer, der Hois hieß, mit dem Fuß eine Erdscholle weg,
die ihm im Weg lag. Da sprang plötzlich ein kleines Männlein
darunter hervor und hüpfte dem Bauern auf die Hand. Der wollte
laut aufschreien, aber das Männlein legte den Finger auf seinen

15 Mund und schlüpfte geschwind dem Hois in die Rocktasche.
Endlich war der König des bösen Spiels überdrüssig und
die ermatteten Bauern schleppten sich nach Hause.
Da fing das Männlein zu reden an. „Hois", sagte es mit einer feinen,
hohen Stimme, „ich bin der Heinzel, der König der Erdmännchen,

20 und ich bin es müde, noch länger mit anzusehen,
wie der König Watzmann euch plagt und ärgert.
Ich will euch von ihm befreien. Rufe jetzt alle Bauern zusammen!"
Als sie alle versammelt waren, sprang der Heinzel
auf einen Holzklotz und sprach: „Morgen früh füllt eure Taschen

25 mit Kieselsteinen, und wenn der König die Hunde auf euch hetzt,
dann werft die Steine nach ihm."

Danach wurde das Männlein kleiner und kleiner
und war mit einmal verschwunden.
Am andern Morgen hatte der König aufs neue Lust,
30 seine Bauern zu hetzen. Kaum war das „Hussa!"
aus seinem Munde, da sausten schon die Kiesel
aus den Fäusten der Bauern auf ihn nieder.
Aber während sie noch durch die Luft flogen,
verwandelten sie sich in riesige Felsbrocken,
35 und es schien, als ritte auf jedem ein winziges Erdmännchen.

Die Hunde, die sich heulend zu ihrem Herrn geflüchtet hatten,
wurden mit ihm zusammen von den Steinen bedeckt.
Da fingen auch die Steine auf dem Boden zu hüpfen an,
es wurden immer mehr und mehr,
40 und sie wurden immer riesiger und riesiger,
bis sich über dem König Watzmann und seinen Hunden
ein mächtiges Gebirge mit gewaltigen Bergkegeln auftürmte.

Von den Erdmännchen hat man seither nichts mehr gehört.
Der Hois und seine Gefährten aber zogen aus dieser Gegend weg
45 und siedelten sich in einem anderen Lande an, dem heutigen Tirol.

Josef Guggenmos

Märchenhafte Welten – mit Texten umgehen

Der gestiefelte Kater, S. 99 – 106

1. a) Lies die Überschriften und schaue dir die Bilder an (Lesetipp 2).
Wovon wird die Geschichte handeln?

   b) Bildet fünf Gruppen und tauscht euch aus.
Jede Gruppe zieht ein Kapitel aus verdeckten Kärtchen.
Lest den Text und schreibt Stichwörter.

   c) Jede Gruppe erzählt ihr Kapitel in der Klasse nach.

2. Welcher „Trick" des gestiefelten Katers gefällt dir am besten:
   - der mit den Rebhühnern?
   - der mit den königlichen Kleidern?
   - der mit den großen Ländereien?
   - der mit der Verwandlung in eine Maus?

   Sprecht in der Klasse darüber und macht eine Hitliste.

3. Übt das Vorlesen mit dem Kapitel „Beim Zauberer". Beachtet Lesetipp 8:

Lesetipp 8 – Vorlesen

Sprich beim Vorlesen und Vortragen deutlich.
Beachte: Beim Punkt geht die Stimme nach unten, beim Komma nicht.
Mache nach jedem Satz eine Pause. Achte auch auf das Fragezeichen und
das Ausrufezeichen.

4. Lest den Text in der Klasse vor. Die Zuhörer bewerten den Vortrag.

Frau Holle, S. 107 – 113

1. a) Lies die Überschriften, schaue dir die Bilder an (Lesetipp 2).
Wovon wird die Geschichte handeln?

   b) Wählt ein Kapitel aus:
Welche Arbeiten soll das Mädchen erledigen?
Welchen Lohn erhält es? Schreibt Stichwörter.

   c) Sprecht in der Klasse über eure Ergebnisse.

2. Gestaltet eine Lesekiste zu eurem Lieblingsmärchen.

   a) Nimm einen Karton (z.B. Schuhkarton) und gestalte ihn mit Gegenständen
oder Materialien, die in eurem Lieblingsmärchen wichtig sind.

   b) Tausche dich mit einem Partner aus und übt das Präsentieren eures
Märchens und eurer Lesekiste.

   c) Stellt eure Lieblingsmärchen vor. Die Lesekiste hilft euch dabei.

3. Du kennst jetzt acht Lesetipps (siehe S. 6).
Welche haben dir bei diesem Text geholfen?

Joshi, der Steinmetz, S. 114 – 116

1. Welche Wünsche Joshis gehen in Erfüllung? Wird er glücklich?

 2. „Joshi, der Steinmetz" ist ein Märchen aus Japan.
   Kennt ihr Märchen aus anderen Ländern? Erzählt sie in der Klasse.

König Watzmann, S. 117 / 118

 1. a) Kennst du alle Wörter im Text? Überprüfe.

   b) Arbeitet zusammen, sucht im Internet oder in der Bibliothek.
   - Was sind Rösser?
   - Was ist eine Erdscholle?
   - Was ist eine Rocktasche?

   c) Erklärt in der Klasse, was die schwierigen Wörter bedeuten.

2. Wie hilft das Erdmännchen Heinzel den Bauern? Erzähle in eigenen Worten.

 3. Vervollständige die Sätze.
   - König Watzmann ist grausam, weil …
   - Heinzel, der König der Erdmännchen, ist hilfsbereit, weil …
   - Heinzel, der König der Erdmännchen, ist mächtig, weil …
   - Hois, der Bauer, ist hilflos, weil …

4. Eine geheimnisvolle Geschichte über einen besonderen
   Ort nennt man eine Sage.
   Um welchen Ort geht es auf dem Bild auf Seite 118?
   Was ist geheimnisvoll an der Geschichte?

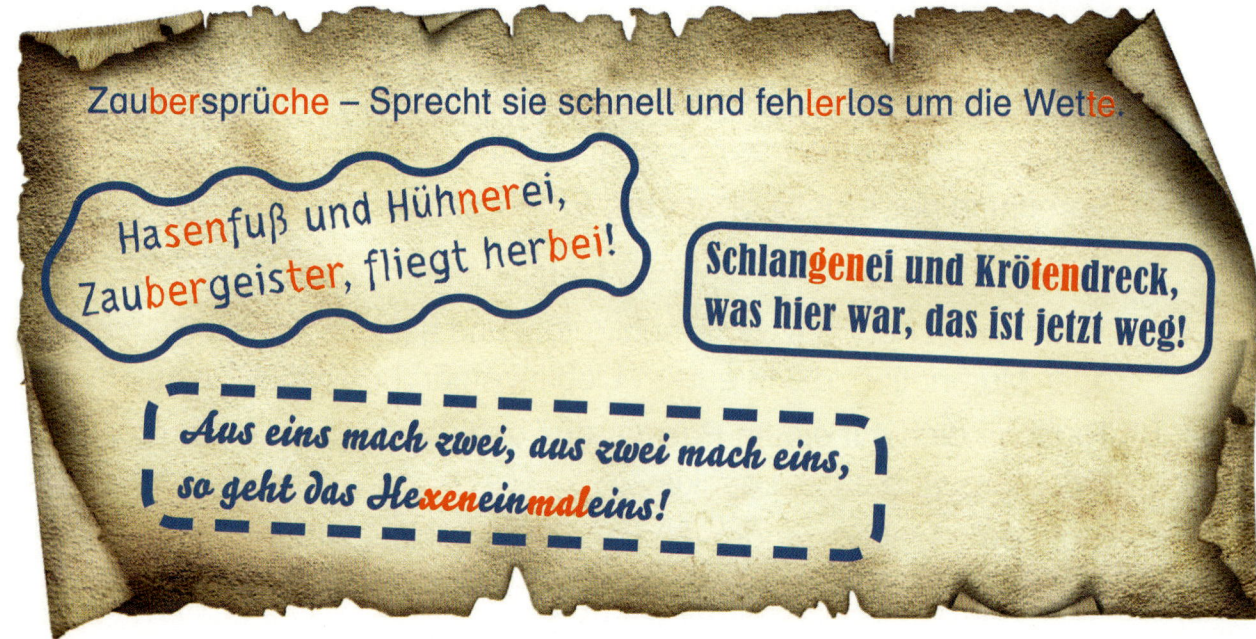

Zaubersprüche – Sprecht sie schnell und fehlerlos um die Wette.

Hasenfuß und Hühnerei,
Zaubergeister, fliegt herbei!

Schlangenei und Krötendreck,
was hier war, das ist jetzt weg!

Aus eins mach zwei, aus zwei mach eins,
so geht das Hexeneinmaleins!

Kinder der Welt – ein Projekt

1   Auf den folgenden Seiten kannst du nachlesen,
    wie Kinder in Indien leben.
    Auf der Karte findest du die Stadt Hyderabad.
    Etwa 80 Kilometer davon entfernt liegt das Dorf Motakondur.
5   Du erfährst, wie die Kinder dort arbeiten, was sie essen und
    welche Schule sie besuchen.
    Danach lernst du Kinder aus Lübeck in Deutschland kennen.
    Sie erzählen, wie sie leben und was ihre Theatergruppe
    mit den Kindern in Indien zu tun hat.
10 Einige der Kinder besuchen genau wie du die zweite Klasse.

Ein Kind aus Indien erzählt

1 Ich heiße Usha Policetty
und bin zehn Jahre alt.
Meine Familie lebt
im Dorf Motakondur in Indien.

5 Ich habe einen älteren Bruder,
er heißt Raja, und
eine große Schwester.
Ihr Name ist Swetha.

Wir besitzen kein eigenes Land,

10 wir können keinen Reis und kein Gemüse anbauen.
Meine Mutter und die Großmutter müssen auf den Feldern
eines reichen Bauern arbeiten. Sie verdienen sehr wenig.
Mit dem Geld kaufen wir auf dem Markt im Nachbardorf
Reis und Gemüse. Manchmal reicht es auch noch für etwas Obst.

15 Vater hatte Glück. Er fand Arbeit in einer Ziegelbrennerei.
Er muss dort schwer arbeiten und kommt immer schmutzig und
müde nach Hause.
In den Ferien besuchen Raja und ich ihn manchmal.

Wir fragen den Besitzer der Ziegelei, ob wir mithelfen können.

20 Dann formen wir in einem Holzkasten Ziegelsteine.

Raja trägt sie an den Lagerplatz, wo sie in der Sonne trocknen.

Im Sommer ist es meist vierzig Grad heiß.

Nach einigen Stunden tun uns die Arme und der Rücken weh.

Zum Lohn erhält jeder von uns zehn Rupien.

25 Damit gehen wir dann ganz stolz nach Hause.

Wir geben unser Geld der Mutter.

Wenn es nicht regnet, gibt es keine Arbeit

auf den Feldern und Mutter erhält

keinen Lohn.

30 Dann kauft Mutter mit unserem Geld

Reis und wir müssen nicht hungern.

Wir haben einen Esel.

Er heißt Gadha und ist sehr lieb.

Manchmal kann er auch störrisch sein!

35 Vor unserem kleinen Haus hat er einen kleinen Stall.

Auf der Wiese unserer netten Nachbarin darf er täglich Gras fressen.

Raja und ich reiten auf ihm zum Markt ins Nachbardorf.

Auf dem Heimweg trägt er den Sack mit Reis und das Gemüse.

Manchmal leihen wir ihn auch an Freunde aus.

40 Aber nur, wenn sie ihn gut behandeln!

Von Juli bis März gehe ich jeden Tag in die Dorfschule.

Wir tragen eine blauweiße Schuluniform.

Wenn ich wieder ein Stück gewachsen bin,

tausche ich die Kleidung mit anderen Schülerinnen.

45 Geld für eine neue Uniform haben wir nicht.

Raja und Swetha besuchen die Schule in der Stadt Raigir.

Mit vielen Schülern wohnen sie dort in einem großen Haus.

Sie werden von netten Schwestern unterrichtet.

Nur in den Ferien kommen sie nach Hause in unser Dorf.

50 Swetha ist fast fünfzehn Jahre alt.

Im nächsten Jahr ist sie mit der Schule fertig.

In unserem Land gibt es viele kranke Menschen, die Hilfe brauchen.

Deshalb will Swetha nach der Schule Krankenschwester werden.

Mutter hat gesagt, dass ich dann in diese Schule gehen darf.

55 Ich freue mich schon sehr darauf. Swetha hat mir oft erzählt,

wie gut es ihr dort gefällt.

Das Wohnheim und die Schule in der Stadt kosten Schulgeld.

Das bezahlen nette Leute aus Europa für uns, unsere Paten.

Darüber freuen sich meine Eltern sehr.

60 Im Januar kam dann auch Besuch zu uns ins Dorf.

Mit Father Bhagyam, dem Sohn unserer Nachbarin,

kamen zwei Frauen in unser Dorf. Sie hatten eine helle Hautfarbe

und auch helle Haare. Das wollten alle im Dorf sehen.

Sie haben Fotos von uns gemacht und alles im Dorf angeschaut.

65 Father Bhagyam hat ihre Sprache übersetzt. Eine Dame hat erzählt,

dass sie Swetha in Raigir besucht hat, weil sie ihr Patenkind ist.

Am nächsten Tag sind sie wieder weggefahren.

Sie waren sehr nett!

Im Dorf wurde noch lange über ihren Besuch geredet.

Hunger und Armut in Indien heute

Wie viele Menschen leiden an Hunger?

1 Indien hat ungefähr 1,2 Milliarden Einwohner.
Die Männchen in dem Schaubild stellen die gesamte Bevölkerung Indiens dar.
Etwa 212 Millionen davon, dargestellt durch die rot umrandeten Männchen,
leiden an Hunger und Unterernährung.

5 Sie haben keine Arbeit und kein Ackerland,
auf dem sie Reis und Gemüse anbauen könnten.

Was verdient die Familie von Usha Policetty am Tag?

1 Vater erhält 50 Rupien
in der Ziegelbrennerei.
Mutter und Großmutter
verdienen 45 Rupien,
5 wenn sie bei Regen auf den
Reisfeldern arbeiten können.
Usha und Raja erhalten
zusammen 20 Rupien,
wenn sie in den Ferien
10 in der Ziegelbrennerei aushelfen.

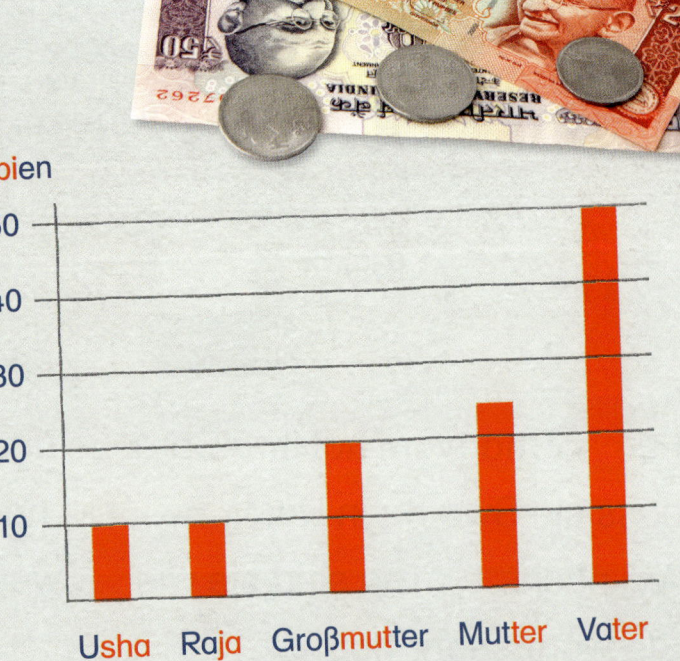

Kinder aus Deutschland erzählen

1 Ich heiße Beke und bin sieben Jahre alt.

Ich gehe in die zweite Klasse und

wohne mit meinem Bruder und

meinen Eltern in Lübeck.

5 Nachmittags spiele ich Basketball und

besuche die Theatergruppe.

Das Theaterspielen macht mir großen Spaß.

Beim ersten Besuch der Theatergruppe erzählte die Gruppenleiterin,

dass wir bei den Vorführungen Geld für Kinder in Indien sammeln.

10 Wir veranstalten auch Basare.

In der Theatergruppe habe ich meine indische Freundin

Ayushi kennengelernt. Sie ist sehr nett.

Mein Name ist Felix Witt.

Ich bin noch acht Jahre alt,

15 am sechsten Januar werde ich neun Jahre.

Meine Körpergröße beträgt 1,20 Meter.

Für mein Alter bin ich etwas klein,

aber das macht mir nichts aus.

Ich lebe mit meinen Eltern und

20 meinen zwei Schwestern in einem großen, alten Gartenhaus.

Meine Oma und mein Opa wohnen im gleichen Haus.

Meine Eltern haben eine Gärtnerei.

Seit zwei Jahren gehe ich in die Klosterhof-Schule.

Erst war ich in der Vorschule und jetzt bin ich in der Grundschule.

25 Da gefällt es mir.

Jeden Tag spiele ich mit meinen Autos und mit dem Computer.

Freitags gehe ich um 16.00 Uhr in die Theatergruppe.

Ich heiße Elena-Akrivi Lessi.

Meine Eltern sind Griechen.

30 Ich bin in Deutschland zur Welt gekommen.

Meine Mutter hat sich gefreut,

dass ich ein Mädchen bin.

In vielen Ländern ist es nämlich so,

dass Jungen mehr wert sind als Mädchen,

35 wie zum Beispiel in Indien. In Europa haben auch die Frauen und

Mädchen Rechte wie die Männer und Jungen.

Europa ist viel reicher als Asien. In Europa gibt es Schulen,

die vom Staat bezahlt werden. In Indien ist es nicht so.

Dort müssen Kinder oft arbeiten, um das Geld für ihr Essen

40 zu verdienen. In Europa ist Kinderarbeit verboten.

Meine Theatergruppe hilft Kindern in Indien.

Leider können wir nicht allen Kindern dort helfen. Das ist schade.

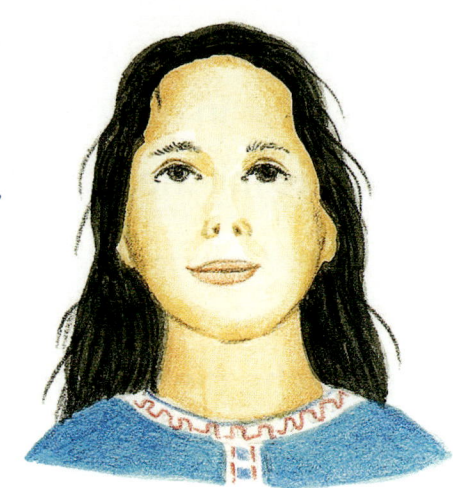

Mein Name ist Ayushi

(ausgesprochen wird das Ajuschi).

45 Ich gehe in die zweite Klasse.

Ich wurde in Indien geboren.

Mit vier Jahren kam ich nach Deutschland.

Ich konnte kein Wort auf Deutsch sprechen.

Am Anfang war das alles natürlich schwierig.

50 Aber jetzt geht es mir in Deutschland gut. Ich bin sehr froh,

die Theatergruppe gefunden zu haben.

Sie sammelt Geld für mein Land Indien. Sie hilft armen Kindern,

damit sie in eine gute Schule gehen können.

Außerdem spiele ich sehr gern Theater.

Ein Kind aus Indien erzählt, S. 122 – 125

1. Woran erkennst du die Armut der Familie von Usha?
   - Warum arbeitet die Familie nicht auf dem eigenen Feld?
   - Was können sie sich zu essen leisten?
   - Warum können sie zur Schule gehen?

   Lies in Absätzen und abwechselnd mit einem Partner, was Usha erzählt. Schreibt Stichwörter und sprecht darüber.

2. Was schreibt Usha über die Schule? (Z. 42 – 52)

   Erzähle in eigenen Worten.
   - Wie lang ist das Schuljahr?
   - Wie sieht die Schuluniform aus?
   - Wie lange geht Swetha zur Schule?

3. Im Text heißt es, eine Frau mit heller Hautfarbe ist die Patentante von Swetha. (Z. 61 – 69) Was ist damit gemeint?

Hunger und Armut in Indien heute, S. 126

1. Warum haben viele Menschen in Indien nicht genug zu essen?

2. Wie sind diese Menschen im Schaubild markiert?

3. Wie viel verdient
   - der Vater?
   - die Mutter?
   - Usha?

4. War es leicht oder schwer die Tabelle zu verstehen? Sprecht darüber in der Klasse.

Kinder aus Deutschland erzählen, S. 127 / 128

1. Stelle die vier Kinder vor:
   - Wie heißen sie?
   - Wo kommen sie her?
   - Was haben sie alle gemeinsam?

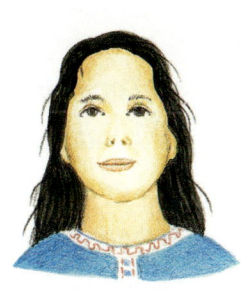

2. Zeile 28 – 40: Was sagt Elena-Akrivi
   - über die Rechte von Mädchen?
   - über Schulen?
   - über Kinderarbeit?

3. Finde auf dem Globus den Kontinent Europa und das Land Deutschland sowie den Kontinent Asien und das Land Indien.

***Kinder aus Deutschland erzählen**, S. 127/128 (Fortsetzung)*

4. Findet das Dorf Motakondur auf der Karte Seite 121.
Sucht die Stadt Hyderabad auf dem Globus.

5. Die Theatergruppe in Lübeck sammelte Geld für arme Kinder in Indien.
Es gibt weitere Möglichkeiten, Geld für Kinder in Not zu sammeln:

- alte Sachen auf dem Flohmarkt verkaufen
- Sport- und Spielnachmittage veranstalten
- Bücher sammeln und wiederverkaufen
- bei der Sternsinger-Aktion mitmachen
- eine Altpapiersammlung durchführen
- Bilder malen und verkaufen
- einen lustigen Vortragsabend für die Eltern veranstalten

Bei welcher Aktion würdest du gerne mitmachen?
Sprecht in der Klasse darüber.

6. Ayushi kam im Alter von 7 Jahren nach Deutschland.
Sie sprach kein Wort Deutsch.
Wie könntet ihr Ayushi helfen,
wenn sie in eurer Schule wäre?
Überlegt mit einem Partner und
sprecht in der Klasse darüber.

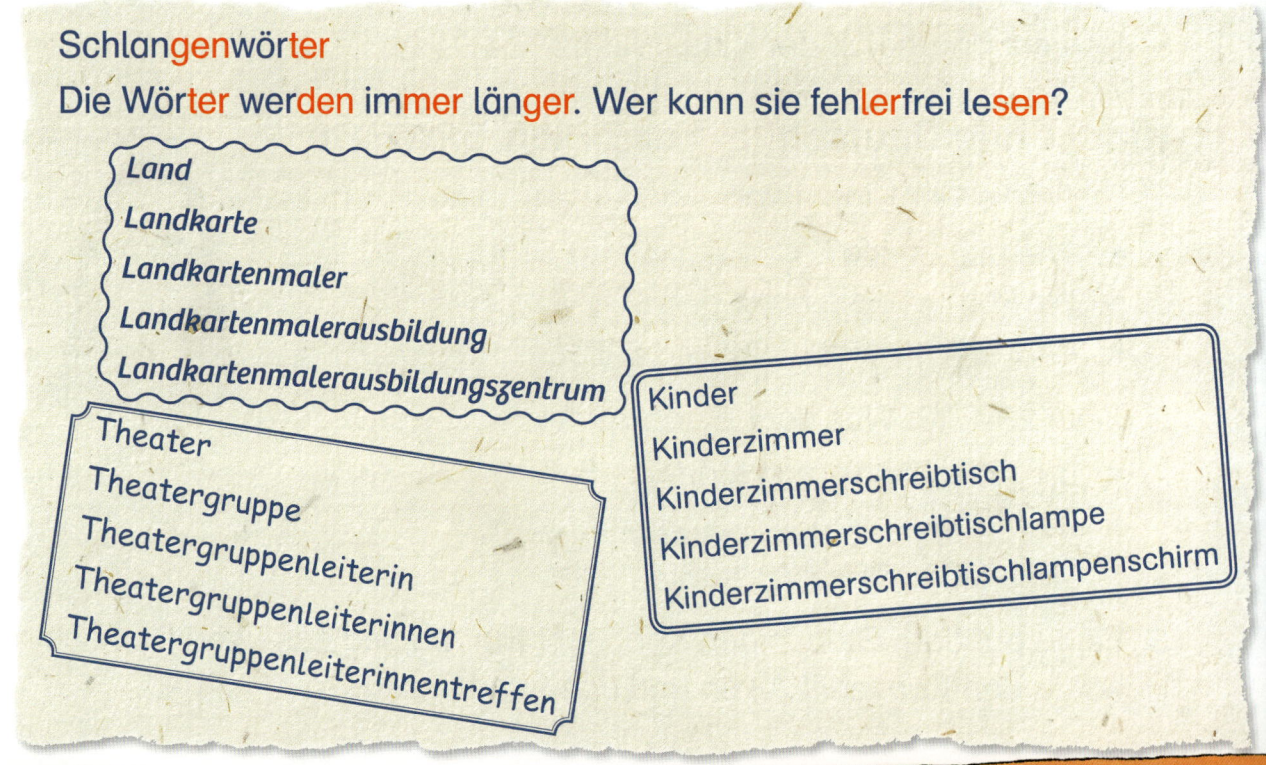

Schlangenwörter
Die Wörter werden immer länger. Wer kann sie fehlerfrei lesen?

Land
Landkarte
Landkartenmaler
Landkartenmalerausbildung
Landkartenmalerausbildungszentrum

Kinder
Kinderzimmer
Kinderzimmerschreibtisch
Kinderzimmerschreibtischlampe
Kinderzimmerschreibtischlampenschirm

Theater
Theatergruppe
Theatergruppenleiterin
Theatergruppenleiterinnen
Theatergruppenleiterinnentreffen

Rund um Bücher und Medien

Nils – ein böser Junge

1 Nils Holgersson und seine Eltern lebten auf einem Bauernhof

in einem kleinen Dorf in Schweden.

Die Katzen zog er am Schwanz, wenn er sie erwischte;

die Hühner erschreckte er, wenn sie friedlich Körner pickten;

5 die Gänse packte er am Hals oder bewarf sie mit Steinen.

Immer fiel ihm etwas ein, womit er ein Tier auf dem Bauernhof

erschrecken oder quälen konnte.

Natürlich waren seine Eltern deshalb oft über ihn verärgert

und schimpften häufig mit ihm.

10 Auch sonst machte Nils seinen Eltern nicht viel Freude.

Jede Arbeit war ihm zu schwer, jede Aufgabe war ihm lästig.

Wenn der Vater oder die Mutter Hilfe brauchten, war Nils weg,

wie vom Erdboden verschluckt.

Er erschien erst wieder, wenn gewiss nichts mehr zu tun war.

15 An einem Sonntag, als Nils Holgerssons Eltern in der Kirche waren,

langweilte sich der Junge sehr.

Sein Vater hatte ihm verboten, auf dem Hof herumzustreunen,

die Tiere zu ärgern oder anderen Unsinn zu machen.

Nils sollte eine lange Predigt in einem dicken Buch lesen.

20 Das fand der Junge schrecklich langweilig.

Trotzdem setzte er sich hin und schlug wenigstens das Buch auf.

Denn der Vater war heute besonders streng gewesen.

Plötzlich hörte er ein Rascheln und ein Tapsen. Was war das?

Er drehte sich um. Auf der großen Truhe seiner Mutter sah er

25 ein kleines Wichtelmännchen sitzen.

Das Wichtelmännchen hatte einen altmodischen schwarzen Anzug

und ein weißes Spitzenhemd an. Sein Gesicht war grau und runzlig.

Auf dem Kopf trug es einen hohen schwarzen Hut.

Das Wichtelmännchen merkte nicht, dass es beobachtet wurde.

30 „Ja, endlich!", lachte Nils in sich hinein. „Jetzt gibt es viel Spaß.

Das Männchen muss gefangen werden."

Leise holte er ein altes Fliegennetz, schlich sich an und schwupp

war der Wichtel im Netz und schrie und zappelte.

Nils wird in ein Wichtelmännchen verwandelt

Aber Wichtel dürfen nicht gefangen werden, das bringt Unglück.

35 Nils sollte diesen Streich bald sehr bedauern.

Jetzt schüttelte er das Netz hin und her und ärgerte den Wichtel.

Plötzlich erhielt Nils eine schreckliche Ohrfeige.

Der Junge wurde heftig gegen die Wand geschleudert und

fiel schwer auf den Boden.

40 Erst nach einer Weile rappelte sich Nils langsam auf.

Er schleppte sich zu seinem Stuhl.

Der stand viel weiter weg als vorher.

Der Stuhl war auch größer geworden und viel höher.

Wie ein kleines Kind musste Nils daran hochklettern.

45 Was war geschehen? Was war mit ihm los?

Vom Stuhl aus konnte er in einen Spiegel sehen.

Neugierig schaute er hinein und rief überrascht:

„Oh, da ist ja noch ein Wichtelmännchen!"

Es war ganz jung. Es war kein runzliger Wichtel wie der,

50 den er gefangen hatte.

„Du hast ja meine Lederhose an, meine Mütze", rief Nils belustigt.

Er winkte und zog ein paar Grimassen.

Das tat der Kleine im Spiegel auch, ganz wie Nils. – Wie Nils?

Nein, Nils war es selbst. Nils war kein normaler Junge mehr,

55 er war in einen Wichtel verwandelt worden.

Voll Entsetzen wurde ihm klar, was mit ihm geschehen war.

Er schlug die Hände vors Gesicht und schluchzte laut auf.

„Wichtelmännchen! Warum hast du mich verwandelt?

Was habe ich dir getan?", jammerte Nils weinend.

60 Dann flehte er: „Bitte, mache mich wieder zu einem Menschen!"

und er versprach: „Ich will nie wieder etwas Böses tun."

Niemand antwortete.

Nils rief lauter: „Bitte hilf mir! Ich tu alles, was du verlangst."

Niemand antwortete. Das Wichtelmännchen war verschwunden.

65 Hastig machte sich Nils auf die Suche.

Vielleicht war das Wichtelmännchen in der Scheune.

Schon lief er quer über den Hof, wo die Hühner gackerten und

die Gänse schnatterten.

„Tschilp, tschilp", rief ein Spatz laut vom Scheunendach.

70 „Der freche Nils ist jetzt ein Wichtelmännchen, tschilp!"

Erstaunt bemerkte der Junge, dass er die Tiersprache verstand.

Im nächsten Augenblick hatten ihn auch die Hühner entdeckt.

Sie kamen alle herbeigelaufen und scharten sich um Nils.

„Gack, gack, das geschieht ihm recht!", riefen sie und

75 bedrängten ihn mit vorgestrecktem Schnabel.

Nils war zu klein geworden, um sich zu wehren.

Die Hühner hätten ihn wohl gerne angepickt und gezwickt.

Doch ganz plötzlich verstummte das Gegacker.

Ein Katzenlöwe oder eine Löwenkatze kam daher.

80 Es war nur Mieze, aber sie war jetzt riesengroß.

„Liebe Mieze", sagte Nils freundlich und ein wenig ängstlich,

„weißt du, wo das Wichtelmännchen wohnt?"

Die Katze kam zu ihm her und schnurrte erst nur leise,

plötzlich machte sie einen Riesensatz und sprang auf Nils zu.

85 Sie fauchte und zischte, ihre Augen glühten. Nils erschrak sehr.

Jetzt schlug die Katze ihre scharfen Krallen in seinen Arm.

Das tat weh. Die alte Hofkatze war nun ein gefährliches Tier.

„Weißt du jetzt, wer der Stärkere ist?"

So fauchte die Katze und ließ ihn langsam los.

90 Nils nickte entsetzt und lief weg, so schnell er konnte.

Diesmal war er der Gefahr entronnen.

Es tat ihm leid, dass er Mieze so oft am Schwanz gezogen hatte.

Natürlich war sie böse auf ihn.

Nils versteckte sich in einer Ecke des Hühnerhofes.

95 Er traute sich nicht mehr ins Haus. Seine Eltern sollten nicht sehen,

dass er in ein Wichtelmännchen verwandelt worden war.

Nils schämte sich und war sehr unglücklich.

Nils und Martin fliegen mit den Wildgänsen weg

Es war jetzt Frühling.

Zu dieser Jahreszeit flogen Wildgänse in Scharen über das Dorf

100 zu ihren Sommerquartieren in Lappland im Norden von Schweden.

Manche Gänsegruppen übernachteten auf den Feldern beim Dorf.

Ihr Schnattern und Erzählen hörte man bis zum Hof der Holgerssons.

Besonders aufmerksam hörte der junge weiße Gänserich Martin zu.

„Ach, könnte ich doch mit nach Lappland fliegen", seufzte er,

105 wenn er den Erzählungen der wilden Graugänse lauschte.

Oft sah man, dass er seine Flugmuskeln trainierte.

Er breitete dabei die Flügel weit aus und schlug heftig hin und her.

Auch an diesem Sonntag übte Martin eifrig.

Staub, Blätter und Federn wirbelten auf vom Schlag seiner Flügel.

110 Nils musste sich an einer Zaunlatte festhalten,

damit er nicht auch in die Luft gewirbelt wurde.

„He, Martin", rief er, „was ist los? Mach doch nicht so viel Wind!"

Jetzt erst bemerkte ihn der junge Gänserich.

„Hallo, wer bist denn du?", wunderte sich Martin. Als er hörte,

115 dass Nils zur Strafe in einen Wichtel verwandelt worden war,

konnte er ein schadenfrohes Grinsen nicht verbergen.

In diesem Augenblick hörten beide das Geschrei von Graugänsen.

Die Gänseschar flog über den Hof hinweg.

Wie eine Pfeilspitze sah ihre Flugordnung aus.

120 Ganz vorn war der Platz der Leitgans.

„Ich fliege mit, ich fliege mit", rief Martin da und hob die Flügel.

„Nein, das darfst du nicht! Bleib auf dem Hof!"

Nils hängte sich an Martins Hals und versuchte, ihn zurückzuhalten.

Die Eltern sollten diesen schönen, großen Gänserich nicht verlieren.

125 Aber wieder hatte Nils vergessen, dass er jetzt ein Wichtel war.

Er war viel zu klein und zu schwach.

So strampelte und zappelte er nur hilflos am Hals des Gänserichs.

Er konnte Martin nicht am Fliegen hindern und am Boden halten.

Mit heftigem Flügelschlagen versuchte Martin zu starten.

130 Er erhob sich in die Luft, aber gleich plumpste er wieder auf die Erde.

Beim zweiten Versuch schlug er die Flügel noch heftiger.

Dieser Start gelang, obwohl Nils immer noch an seinem Hals hing.

Martin flog erst schwerfällig, dann immer geschickter und schneller.

Bald hatte er die Wildgänse eingeholt.

135 Nils konnte nicht mehr abspringen, ohne sich das Genick zu brechen.

Mit beiden Händen krallte er sich im Gefieder fest.

Nach und nach gelang es ihm,

auf Martins Rücken zu klettern,

da konnte er sich besser halten.

140 Nun saß Nils auf Martins Rücken und schaute sich um.

Er spähte an Martins vorgestrecktem Hals vorbei nach vorn,

da flogen die Wildgänse in ihrer Reihe.

Tief unter sich sah er ganz klein den Hof der Eltern und das Dorf.

Außen herum lagen die Felder wie bunte Lappen.

145 Das war alles sehr schön. Aber es machte Nils auch traurig.

Er war jetzt ein Wichtelmännchen und konnte das Dorf, den Hof

und die Eltern vielleicht nie wiedersehen.

Nils klammerte sich fest auf Martins Rücken.
Der Flugwind wirbelte seine Haare auf.
150 Nils war gespannt und neugierig, wie dieser Tag enden würde.

So begann die wunderbare Reise von Nils Holgersson
auf dem Rücken des Gänserichs Martin durch Schweden.

Die Wildgänse fliegen den ganzen Tag nach Norden und
rasten am Abend an einem See.
155 Dort werden Martin und Nils zu richtigen Freunden.
Aber das ist eine neue Geschichte.

Die neuen Freunde erleben auf ihrer Reise viele Abenteuer
und Nils kommt doch wieder nach Hause zurück.

Nacherzählung der ersten Kapitel aus „Nils Holgerssons
wunderbare Reise durch Schweden" von Selma Lagerlöf

In jeder Bücherei und in jeder Buchhandlung gibt es
verschiedene Ausgaben des Kinderbuches „Nils Holgersson"
von Selma Lagerlöf.

Wir erstellen ein Hörbuch

1 Sicher habt ihr zu Hause, im Kindergarten oder in der Schule
   schon Hörbücher zu den bekannten Geschichten
   von Nils Holgersson, Pippi Langstrumpf oder Heidi gehört.
   Als ihr noch nicht selbst lesen konntet,
5 war das bestimmt eine tolle Möglichkeit,
   die spannenden Geschichten zu hören.
   Wie wäre es, wenn ihr selbst ein Hörbuch erstellen würdet?
   Was benötigt ihr dazu?
   Wie könntet ihr vorgehen?

10 Für den Anfang genügt ein Rekorder mit einem Mikrofon.
   Wer schon Tonaufnahmen von sich und seinen Freunden
   gemacht hat, weiß, wie solch ein Gerät funktioniert.
   Er wird die Aufnahmetechnik übernehmen.
   Wenn ihr euch für „Nils Holgerssons wunderbare Reise" entscheidet,
15 müsst ihr besprechen, welche Geräusche ihr selbst erzeugen wollt:
   Etwa, wenn Nils mit Steinen wirft, das Rascheln des Wichtelmännchens,
   wenn Nils eine Ohrfeige erhält …

   Wer kann die Tierlaute gut nachmachen?
   Das solltet ihr unbedingt vorher ausprobieren,
20 auch schon mit Tonaufnahmen.
   Wer liest die einzelnen Personen:
   Nils, eventuell die schimpfende Mutter,
   den strengen Vater,
   den Erzähler?

25 Damit die Aufnahme gelingt, ist es nötig,

den immer gleichen Ablauf einzuüben.

Dazu erstellt man am besten ein Drehbuch.

Dieser Fachausdruck wird eigentlich bei der Produktion

von Filmen verwendet. Früher haben sich bei den Filmkameras

30 große Filmrollen gedreht, daher der Name.

Ihr erstellt am besten eine Tabelle, in die ihr die einzelnen Abschnitte

eintragen und mit kleinen Zeichnungen versehen könnt.

Der Verlauf wird dadurch für alle Mitwirkenden übersichtlich.

Etwa so:

Erzähler	Textstelle	Tonaufnahme
E.	Zeile 1 / 2	Ein Kind mit Musikinstrument kann die Titelmelodie spielen.
E.	Z. 3	Eine Katze miaut klagend.
E.	Z. 4	Die Hühner gackern erschreckt.
E.	Z. 5	Die Gänse schnattern erschreckt.
E.	Z. 8 / 9	Mutter schimpft: „Aber Nils, was hast du jetzt wieder angestellt?"
E.	Z. 12 / 13	Vater ruft: „Nils, kannst du mir helfen?"

35 Wenn euch diese Tonaufnahme Spaß gemacht hat,

könnt ihr für die nächste Nils-Holgersson-Geschichte

selbst ein „Drehbuch" schreiben und eine Fortsetzung

eures Hörbuchs erstellen.

Die sprechenden Tiere hören sich sicher lustig an.

Filmtiere für Nils Holgersson

Filmtiere für Nils Holgersson

1   Im Jahr 2011 wurde das Buch mit echten Menschen und Tieren verfilmt.
Die Schauspieler lernen den Text und spielen ihre Rolle. Das kennen wir.

Aber wie können scheue und wilde Tiere zu zahmen Filmtieren werden?
In der Filmtierschule schlüpften die **Gänseküken** ein Jahr
5   vor Drehbeginn aus dem Ei. Von da an spielte der Tiertrainer Marco
täglich mehrere Stunden mit ihnen. Deshalb hielten die Küken
den Menschen für ihre Gänsemutter.
In der Natur lernen die Küken von der Mutter, was sie fressen können
und was gefährlich und was ungefährlich ist. In der Filmtierschule
10   haben die Küken von Marco gelernt, dass eine Kamera nicht beißt.
Wenn er keine Angst hat, dann sind auch seine Gänsekinder
nicht ängstlich.

Marcos Lieblingstier in der Filmtierschule ist der **Rabe Bataki**.
Er ist sehr klug und spielt den Menschen oft Streiche.
15   Wenn er etwas nicht so gerne tun will, lockt der Trainer ihn
mit leckerem Futter oder mit Streicheleinheiten. Das hilft fast immer.
Der Rabe hat zu seinem Trainer eine ganz enge Bindung.
Er begrüßt ihn mit freundlichem Gurren.

Bataki krächzt aber auch laut,
20 wenn es um Futter geht. Wenn er
immer gut behandelt wird, kommt er
nach dem Freiflug stets auf den Handschuh
des Trainers zurück.

25 Für die Rolle des Fuchses holte Marco die
zahmen **Fuchsbrüder** „Wodka" und
„Sputnik" aus Russland.
Die Füchse bewältigten ohne Scheu
ihre Aufgaben bei den Dreharbeiten.
Sie waren großartige Schauspieler.
30 Marco war immer nahe dabei, wenn
sein „Star" Sputnik vor die Kamera musste.
Er gab ein Zeichen und schon
saß der Fuchs Sputnik still.

Wo sind die Filmtiere jetzt?
Nach den Dreharbeiten in Schweden
35 kehrten alle Tiere mit ihrem Trainer
nach Deutschland in die Filmtierschule
zurück.
Die Füchse leben in einem großen
Gehege. Die Raben sind in einen
40 Flugkäfig eingezogen.
Die Gänse Martin und Veronika leben
bei einem Schauspieler auf dem
Bauernhof. Die anderen Gänse leben
frei in der Filmtierschule und machen
45 täglich ihre Rundflüge. Es gefällt ihnen
so gut, dass sie nicht wegfliegen.
Vielleicht hoffen sie auf eine
neue Rolle.

Worüber der Franz unzufrieden ist

1 Der Franz ist mit seiner Mama
und mit seinem Papa
fast immer zufrieden.
Nur wenn es ums Fernsehen geht,
5 muss er sich über die beiden ärgern.
Weil sie Fernseh-Muffel sind!
Kabelfernsehen haben sie
nicht legen lassen,
eine Satelliten-Schüssel wollen sie auch nicht.
10 Bloß drei Programme kann der Franz sehen.
Oft beschwert er sich bei der Mama:
„Alle Kinder haben Kabel. Oder eine Satelliten-Schüssel.
Zwanzig Programme können die sehen.
Und ich bin dauernd der Blöde."

15 Der Franz kommt sich wie „der Blöde" vor,
weil die Kinder in der Schule immer von den Filmen reden,
die sie im Fernsehen angeschaut haben.
Und er kann dann nie mitreden. Und weil die Kinder sehr oft und
sehr lange davon reden, kann er sehr oft nicht mitreden und
20 muss sehr lang den Mund halten.

Der Eberhard hat ihn auch schon gefragt,
ob seine Eltern so arm sind,
dass sie sich keine Satelliten-Schüssel und
keinen Kabelanschluss leisten können.
25 Oder ob sie zu den Knackern gehören,
die gegen das Fernsehen sind.

Der Franz mag nicht, dass man seine Eltern für arm hält.
Oder für Knacker. Und den Mund halten, wenn andere reden,
mag er auch nicht.

30 Vor zwei Wochen nun haben die Kinder wieder einmal
über eine TV-Serie geredet.
Über eine, wo ein Detektiv einen Hund als Partner hat.
Und der ist so klug, dass er Verbrechen erschnüffelt.
Die einen Kinder haben die Serie toll gefunden.
35 Die anderen Kinder haben gesagt, sie sei doch totaler Unsinn.
Weil es so einen Hund nicht geben kann.
Der Franz ist still dabeigesessen.

„Was meinst du?",
hat Alexander gefragt.
40 Der Franz wollte nicht
schon wieder sagen,
dass er diese Serie
zu Hause nicht sehen kann.
So sagte er:
45 „Ich hab was anderes
angeschaut."

(In Wirklichkeit hat er mit der Mama Fang-den-Hut gespielt.)

„Und zwar?", fragte Alexander.

„Eine andere Serie", sagte Franz.

50 „Und zwar?", fragte Martina.

„Eine ... von einem Astronauten ... von einem anderen Planeten ...
der landet bei uns ... und sein Raumschiff geht dabei kaputt",
sagte der Franz.

„Auf welchem Sender?", fragte der Max.

55 „Sat-sechs!", sagte der Franz und seine Stimme war dabei
ein bisschen piepsig.

Wie die Geschichte weitergeht, erfährst du in dem Buch
„Fernsehgeschichten vom Franz" von Christine Nöstlinger.
Es gibt die Geschichten vom Franz auch als Hörbücher.

Steckbrief *Christine Nöstlinger*

1 Im Lesebuch sind zwei Geschichten vom Franz und das Gedicht „Frühling"
von Christine Nöstlinger abgedruckt.
Christine Nöstlinger war eine österreichische Schriftstellerin.
Sie schrieb weit über 100 Bücher und zählt
5 zu den bekanntesten Kinderbuchautoren
des deutschen Sprachraums.

geboren: 13.10.1936
gestorben: 28.06.2018
Geburtsort: Wien, Hauptstadt von Österreich
10 Eltern: Der Vater war Uhrmacher,
                      die Mutter Kindergärtnerin.
Familie: Sie war verheiratet mit dem Journalisten Ernst Nöstlinger (†)
                      und hatte zwei Töchter.
Beruf: Sie studierte Malerei und wurde dann Schriftstellerin –
15   sie schrieb vor allem Kinder- und Jugendbücher.
                      Sie war auch für Fernsehen, Radio und Zeitschriften tätig.

Christine Nöstlinger hatte schon mit ihrem ersten Buch
„Die feuerrote Friederike" großen Erfolg. Sie schrieb viele weitere,
darunter die Reihe der Geschichten vom Franz und
20 die vom Mädchen Mini.
Gerne schrieb sie auch Geschichten und Gedichte
in ihrem Wiener Dialekt. Ein Gedicht heißt z. B. „Mei radl".
Für viele ihrer Bücher erhielt sie Preise,
auch den Astrid-Lindgren-Gedächtnis-Preis
25 und die Hans-Christian-Andersen-Medaille.
Christine Nöstlinger wendet sich in ihren Büchern
gegen jede Art von Ungerechtigkeit. Sie will Kindern Mut machen
und Trost zusprechen, wenn sie schlecht behandelt werden.

Besuch in der Stadtbücherei

1 „Guten Morgen", begrüßte Frau Klein ihre Klasse 2b freundlich,
wie sie es jeden Tag machte.
„Am Donnerstag in dieser Woche haben wir die Gelegenheit,
unsere Stadtbücherei in einer extra Führung kennenzulernen.
5 Ist das nicht prima?"
Die Schüler schauten auf. Einige freuten sich gleich:
„Au ja, ich geh da manchmal mit meiner Mutter hin."
Andere fragten: „Wie, wo, was?"
Frau Klein lächelte und fragte die Schüler:
10 „Was ist denn eigentlich eine Bücherei?"

Lisa überlegte schnell:
„Bücherei, das ist wie Bäckerei.
In der Bäckerei werden
Brote gemacht und verkauft,
15 in der Bücherei werden
Bücher gemacht und verkauft."

„Nein, in der Bücherei kann man Bücher ausleihen", wusste Natalie.
„Ja", bestätigte die Lehrerin. „Bücher werden in Verlagen gemacht.
Sie werden in Buchhandlungen oder Buchläden verkauft.
20 In einer Bücherei kann man Bücher ausleihen", ergänzte sie.

Frank meldete sich:
„Bücher kann man auch in einer Bibliothek ausleihen."
„Stimmt, Frank", antwortete Frau Klein.
„Bücherei und Bibliothek ist dasselbe."
25 „Biblio –, Biblio –", murmelte Lisa.

„Ja", sagte die Lehrerin, „das ist ein schweres Wort.

Ich sage es einmal ganz langsam und ihr sprecht mir nach:

Bi bli o thek."

Alle sagten: „Bi bli o thek."

30 Dann schrieb Frau Klein

das Wort an die Tafel und

machte auf das ‚h'

nach dem ‚t' aufmerksam.

„Jetzt zu unserem Besuch", sagte die Lehrerin zur Klasse.

35 „Für Donnerstag gibt es keine besonderen Hausaufgaben.

Aber überlegt oder fragt, wer gern in die Bücherei geht.

Macht euch auch Gedanken, welches Buch ihr ausleihen wollt.

Mit der Bibliothekarin, so nennt man die Frau,

die in der Bücherei arbeitet, habe ich ausgemacht,

40 dass jeder in der Klasse ein ‚Schnupperbuch' ausleihen darf."

Die Klasse freute sich und Moni, die Leseratte, sagte noch:

„Ich lese so viele Bücher, dass ich die gar nicht alle kaufen könnte.

Deshalb finde ich das Ausleihen in der Bücherei gut."

Am Donnerstag stand die Klasse in der Vorhalle der Stadtbücherei.

45 Frau Schulze, die Bibliothekarin, begrüßte sie und

auf ihre Frage riefen die Kinder gleich durcheinander:

„Meine Oma kommt gern hierher, sie holt immer Hörbücher."

„Meine große Schwester war gestern da,

sie muss für Englisch etwas über London schreiben."

50 „Mein Vater war auch hier, er hat sich ein Buch über Fische geholt."

„Meine Mutter leiht sich gern Romane aus."

„Ja", sagte Frau Schulze. „So viele verschiedene Bücher gibt es

hier. Und jetzt zeige ich euch, wie man genau das Buch findet,

das man ausleihen will."

55 Frau Schulze machte die Kinder auf die Schilder aufmerksam,

die über den Regalen mit vielen, vielen Büchern angebracht waren.

Schon von der Vorhalle aus konnte man einige Schilder lesen:

Technik, Romane A-D, Sport, Gartenbau.

„Das sind Sachgebiete", erklärte Frau Schulze,

60 „alle Bücher werden zuerst nach ihrem Inhalt geordnet.

Deshalb gibt es auch eine extra Abteilung für Kinderbücher."

Die Schüler folgten Frau Schulze in die Abteilung für Kinderbücher.

Hier gab es kleine Bänke, drei Kisten voll mit Bilderbüchern

und natürlich viele Bücherregale.

65 „Findet einmal selbst heraus, wie die Bücher hier geordnet sind",

forderte Frau Schulze die Kinder auf.

Lisa rief: „Auf diesem Regal gibt es Märchen und dort sind Tierbücher,

so steht es auf den Schildern."

Frank zeigte auf das Regal mit dem Schild „Sachbücher",

70 und Ulrike sagte: „Oh, da gibt es Indianerbücher.

Darf ich sie mir mal anschauen?"

Schnell fanden die Kinder heraus, dass viele Buchregale

nach der Altersgruppe der Leser beschildert waren:

ab 6 Jahren; ab 8 Jahren; ab 10 Jahren.

75 Moni wusste schon: „Da stehen die normalen Kinderbücher.

Aber", fügte sie hinzu, „ich weiß einfach nicht,

wo ich das Buch ‚Wir Kinder aus Bullerbü' finden kann."

Frau Schulze nickte und holte die Schüler ganz nah zu einem Regal.

Sie zeigte ihnen, dass auf jedem Buchrücken ein Streifen klebt.

80 Es war eine Zahl darauf für das Sachgebiet und

darunter waren drei Buchstaben.

„Die Bücher in einem Sachgebiet sind alphabetisch geordnet",
erklärte sie, „und zwar nach dem Nachnamen des Autors.
Ein Beispiel: Das Buch ‚Pippi Langstrumpf'
85 hat auch Astrid Lindgren geschrieben.
Es ist auf dem Regal für Kinder ab 8 Jahren.
Bei ‚Lin' wird Moni ihr Buch finden."
Frau Schulze lächelte:
„Wenn es nicht schon ausgeliehen ist,
90 natürlich."

Die Schüler gingen an die Regale, da sie nun wussten,
wo sie ein Buch mit ihrem Lieblingsthema finden konnten.
Die kleine Lisa kam mit einem riesig großen Buch zurück,
darin waren schöne Bilder und eine Schmetterlingsgeschichte.
95 Frank fand ein Buch über Saurier, Uli holte sich eine DVD,
Natalie hatte die CD „Mein Pony" dabei und
Moni fand „Wir Kinder aus Bullerbü".

Jedes Kind konnte sich ein Buch,
eine CD oder eine DVD ausleihen.
100 Alles wurde in den Computer
der Bücherei eingegeben.
Vier Wochen durften die Kinder
das Buch, die CD oder
die DVD behalten.

Rund um Bücher und Medien – mit Texten umgehen

Nils Holgerssons wunderbare Reise, S. 132 – 141

Nils – ein böser Junge

1. Nils ist ein böser Junge. Was tut er? Schreibt Stichwörter.

2. Sammelt die Stichwörter an der Tafel und besprecht das Verhalten von Nils.

Nils wird in ein Wichtelmännchen verwandelt, S. 134 – 137

3. a) Lies die Überschrift und schaue dir die Bilder an (Lesetipp 2). Schreibe Stichwörter.

   b) Tausche dich mit einem Partner aus. Lest die Geschichte abwechselnd.

   c) Sprecht über die Geschichte.
   - Wie fühlte sich Nils früher?
   - Wie fühlt er sich jetzt?

   Diese Wörter können euch helfen:

   mächtig   unterlegen   gemein   faul   hilflos   überlegen

   Ist die Strafe für Nils gerecht?

Nils und Martin fliegen mit den Wildgänsen weg, S. 138 – 141

4. Lest die Geschichte zu Hause und führt ein Lesetagebuch. Seite 7 hilft dir dabei.

Wir erstellen ein Hörbuch, S. 142 / 143

1. Erstellt mithilfe des Textes ein Hörbuch.

2. Welche Erfahrungen habt ihr bei eurem Hörbuch gemacht? Schreibt alle Tipps auf, die euch beim nächsten Hörbuch helfen können.

3. Was fiel dir beim Erstellen des Hörbuchs leicht? Was musst du noch üben?

Filmtiere für Nils Holgersson, S. 144 / 145

1. Bildet Gruppen. Jede Gruppe liest einen Abschnitt:
   - die Gänseküken (Z. 4 – 12)
   - der Rabe Bataki (Z. 13 – 23)
   - die Fuchsbrüder (Z. 24 – 33)
   - Wo sind die Tiere nach den Dreharbeiten? (Z. 34 – 49)

Filmtiere für Nils Holgersson, S. 144/145 (Fortsetzung)

 2. Jede Gruppe stellt ihren Abschnitt der Klasse vor.
Lest anschließend den ganzen Text in der Klasse gemeinsam.
Die Gruppen wechseln sich ab.

3. Ihr könnt euch den Film über Nils Holgersson ansehen.

Worüber der Franz unzufrieden ist, S. 146 – 148

1. Warum kann Franz nur drei Fernseh-Programme einschalten? (Z. 7 – 10)

2. Warum ärgert ihn das? (Z. 15 – 29)

3. Welche Lösung findet er?

 4. Stelle dir vor, du dürftest eine eigene Fernsehserie
erfinden. Überlege mit einem Partner:

- Was wäre das Thema?
- Für wen wäre die Serie?
- Wer würde mitspielen?

5. Stellt eure Serie in der Klasse vor.

Steckbrief Christine Nöstlinger, S. 149

1. Schreibe fünf Quizfragen auf für ein Fragespiel in der Klasse.

2. Zwei Gruppen spielen gegeneinander, z.B einfarbige T-Shirts gegen
bunte. Wer sich zuerst meldet, darf antworten. Ist die Antwort falsch,
erhält die Gegenseite den Punkt.

Besuch in der Stadtbücherei, S. 150 – 154

1. Wie heißt das Fremdwort für Bücherei?

2. Gehst du in die Bücherei deiner Stadt? Was findest du gut?
Was gefällt dir weniger?

3. Beschreibe mit eigenen Worten, wie die Bücher sortiert sind.

4. Plant einen Klassenbesuch in der Stadtbücherei.

5. Leiht euch ein Buch, ein Hörbuch oder eine DVD aus. Stellt anschließend
in der Klasse vor, was ihr euch ausgeliehen habt.

6. Stellt euer Lieblingsbuch vor:

- Wie heißt es?   - Um was geht es?
- Vom wem ist es?   - Warum ist es dein Lieblingsbuch?

Gedichte und Feste im Jahreskreis

Wenn ein Löwe in die Schule geht

1 Wenn ein Löwe in die Schule geht,
lernt er:
brüllen und schleichen
und mit weichen Tatzen
5 kratzen.

Wenn ein Hase in die Schule geht,
lernt er:
mümmeln
und lümmeln,
10 hoppeln und springen,
aber nicht singen.

Wenn ein Igel in die Schule geht,
lernt er:
Kugel spielen,
15 nachts holterdipoltern
und die langen
Schlangen fangen.

Wenn die Kinder in die Schule gehn,
lernen sie:
20 lesen, rechnen, schreiben,
auf den Plätzen bleiben,
sie lernen von Blumen und Spatzen
und warum Luftballons platzen.

Friedl Hofbauer

Der Herbst steht auf der Leiter

1 Der Herbst steht auf der Leiter
und malt die Blätter an,
ein lustiger Waldarbeiter,
ein froher Malersmann.

5 Er kleckst und pinselt fleißig
auf jedes Blattgewächs,
und kommt ein frecher Zeisig,
schwupp, kriegt der auch 'nen Klecks.

Die Tanne spricht zum Herbste:
10 Das ist ja fürchterlich,
die andern Bäume färbste,
was färbste nicht mal mich?

Die Blätter flattern munter
und finden sich so schön.
15 Sie werden immer bunter.
Am Ende falln sie runter.

Peter Hacks

Der Wind vor dem Richter

1 Richter: Wer hat was gegen den Wind zu klagen?

1. Kläger: Mir hat er das Fenster entzweigeschlagen.

2. Kläger: Mich packte er wie einen Hund am Rock.

3. Kläger: Mir warf er vom Fenster einen Blumenstock.

5 4. Kläger: Mir zog er die Wäsche vom Seil auf den Rasen.

5. Kläger: Mir hat er die Zeitung vom Tisch geblasen.

6. Kläger: Mir hat er den Staub ins Gesicht geweht.

7. Kläger: Mir hat er den Regenschirm umgedreht.

Richter: Das sind ja ganz böse Geschichten.

10   Wer weiß nun was Gutes vom Wind zu berichten?

1. Zeuge: Mir wär' ohne Wind noch kein Drachen gestiegen.

2. Zeuge: Auch ich kann ihn brauchen beim Segelfliegen.

3. Zeuge: Er trocknet die Wäsche und trocknet die Erde.

4. Zeuge: Er lenkt doch die Wolken wie der Hund seine Herde.

15 5. Zeuge: Er ist auch ganz lustig, wenn er spielt mit den Hüten.

6. Zeuge: Und macht er nicht fruchtbar Millionen von Blüten?

Richter: Man bringe den Angeklagten hierher,

       dann stelle er sich mal selber zur Wehr.

Diener: Herr Richter, ich suchte im ganzen Haus,

20   ich glaube, er flog zum Schornstein hinaus.

Richter: Dann ist er freilich nicht mehr zu fassen.

       Wir wollen ihn weiterhin blasen lassen.

Oskar Dreher

Sankt Martin ritt durch Schnee und Wind

1. Sankt Martin, Sankt Martin, Sankt Martin
   ritt durch Schnee und Wind,
   sein Ross*, das trug ihn fort geschwind.
   Sankt Martin ritt mit leichtem Mut:
   Sein Mantel deckt' ihn warm und gut.

2. Im Schnee, da saß ein armer Mann,
   hatt' Kleider nicht, hatt' Lumpen an.
   O helft mir doch in meiner Not,
   sonst ist der bittre Frost mein Tod!

3. Sankt Martin zog die Zügel an,
   sein Ross stand still beim armen Mann,
   Sankt Martin mit dem Schwerte teilt'
   den warmen Mantel unverweilt.

4. Sankt Martin gab den halben still,
   der Bettler rasch ihm danken will.
   Sankt Martin aber ritt in Eil'
   hinweg mit seinem Mantelteil.

volkstümlich

* „Ross" ist ein anderes Wort für Pferd.

Nikolauslegende

1 In der Stadt Myra herrschte eine große Hungersnot.

Nach einer sehr langen Trockenzeit

war die ganze Ernte verdorben.

Die Geschäfte waren ganz leer.

5 Die Kinder weinten vor Hunger.

Da traf im Hafen ein Schiff ein,

das Korn geladen hatte.

Die Menschen wollten

etwas Getreide kaufen.

10 Doch die Ladung war

für den Kaiser in Byzanz bestimmt.

Die Seeleute hatten große Angst,

bestraft zu werden, wenn etwas fehlen würde.

Als Bischof Nikolaus das hörte,

15 ging er selbst zu den Seeleuten.

„Helft doch den armen, hungernden Leuten",

bat er sie, „ihr braucht keine Angst zu haben.

Bei eurer Ankunft beim Kaiser wird kein Korn fehlen."

Die Matrosen hörten schließlich auf Nikolaus und

20 schenkten den Einwohnern von Myra viele Säcke Getreide.

Bischof Nikolaus sorgte dafür, dass alles gerecht verteilt wurde.

Das Getreide reichte für zwei volle Jahre und

konnte sogar noch für die nächste Aussaat verwendet werden.

Als die Seeleute später beim Kaiser in Byzanz ankamen,

25 stellten sie verwundert fest, dass die Ladung vollständig war.

Obwohl sie den Menschen von Myra viele Säcke geschenkt hatten,

fehlte kein einziges Korn.

Bischof Nikolaus hatte sie nicht belogen.

Nikolausgedicht

Mein lieber guter Nikolaus,
ich möchte dir was sagen,
wenn du heut kommst in unser Haus,
dann helf' ich dir beim Tragen.

Wir bringen alles rein ins Haus,
du setzt dich in die Ecke
und ziehst die schweren Stiefel aus,
ich hol dir noch 'ne Decke.

Du musst doch wirklich müde sein.
Drum mach ich jetzt auch ganz allein
den großen Sack zur Hälfte leer,
dann hast du's nachher nicht so schwer.

Wenn du aufwachst, bring ich dir
noch schnell etwas zu trinken.
Du ziehst weiter, ich bleib hier
und werd' am Fenster winken.

Ich seh', du trägst den großen Sack
nun ohne Mühe huckepack.
Ach Nikolaus, wie bin ich froh!
Das machen wir jetzt immer so!

Bayerisches Weihnachtsgedicht

Draußn schneids und es is koid,
ganz weiß san d'Felda und da Woid,
d'Viecherl suacha wos zum Fressn,
d'Mama machd as Weihnachdsessen.

5 Etz is gnua Groas und Grenad* gwesn,
no schnäi ins Egg mim grossn Besn,
Gloggngleid klingt aus da Stubm,
D'Madl san brav und auch die Bubm.

Olle gfrein se scho rechd drauf,
10 a jeda machd Geschenke auf,
der Bam, der leichd im hellen Glanz,
im Ofa schmurgld d'Weihnachdsgans.

Da Stress und d'Hektik san fagessn,
a jeda sitzt beim Weihnachdsessen.
15 Etz is endlich do die große Freid,
is doch ganz schee de Weihnachdszeid.

Verfasser unbekannt

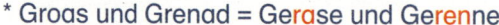

* Groas und Grenad = Gerase und Gerenne

Wer kommt zur Weihnachtszeit?

1   In Schweden wird am 13. Dezember das Fest der heiligen Lucia
gefeiert. Das Lucia-Mädchen in einem weißen Kleid
mit rotem Gürtelband trägt auf dem Kopf
einen grünen Kranz mit Kerzen.
5   Man singt Lucia-Lieder und isst „Lussekatter"
(Lucia-Katzen), ein Safran-Gebäck.

In Italien fliegt die gute Hexe Befana erst in der Nacht
vom 5. auf den 6. Januar (Dreikönigstag)
auf einem Besen von Haus zu Haus.
10   Sie ist auf der Suche nach dem Jesuskind
und bringt für die Kinder Geschenke mit,
denn in irgendeinem Haus könnte das Jesuskind ja sein.

In Österreich und auch in Bayern begleitet
der furchterregende Krampus den heiligen Nikolaus.
15   Sie kommen am Abend des 5. Dezembers.
Der Krampus erschreckt die Kinder,
der heilige Nikolaus beschenkt sie.
Krampusse treten auch in Gruppen auf.

In den meisten Gegenden von Deutschland
20   begleitet Knecht Ruprecht den heiligen Nikolaus,
ähnlich wie der Krampus.
Aber er tritt auch oft alleine auf. Dann hat er eine Rute
und einen Sack voller kleiner Geschenke dabei und
trägt einen roten Mantel mit Mütze.
25   Als Weihnachtsmann begleitet er am Heiligen Abend
das Christkind. Sie bringen die Weihnachtsgeschenke.

Die Zwölf mit der Post

1 Die Turmuhr schlug gerade zwölf Mal. Es war Mitternacht,
als der Kutscher die Pferde vor dem Stadttor anhielt.
Der Wächter der Stadt öffnete die Tür der Postkutsche:
„Alle Reisenden, die in die Stadt wollen, müssen sich ausweisen
5 und erklären, welche Waren sie mitbringen!"
„Mein Ausweis", sagte der Erste, der aus der Kutsche stieg.

Er trug einen warmen Mantel und
einen Schal um den Hals.
Eine Pelzmütze zum Schutz
10 vor der Kälte hatte er
tief ins Gesicht gedrückt.
Er sagte: „In meinem Koffer
habe ich viele gute Wünsche und
Hoffnungen für das neue Jahr!"

15 Der Zweite sprang aus dem Wagen.
„Narri, Narro!", schrie er und
tanzte im Kreis.
„Ich bringe die närrische Zeit."

Der dritte Reisende hatte einen Narzissenstrauß am Hut stecken.

20 Er deutete nach oben und sagte:

„Sie kündigen den Frühling an!"

„Schneller, schneller!",

drängelte der vierte Reisende.

„In der Wache gibt es Punsch für alle."

25 Der Wächter traute seinen Ohren nicht,

als er das hörte.

Das mit dem Punsch war nämlich gelogen.

Der vierte Reisende wollte

die anderen nur in den April schicken.

30 Nun stieg eine junge Dame aus dem Wagen.

Ihr leichtes Frühlingskleid duftete nach Maiglöckchen.

Danach stieg ein Geschwisterpaar aus.

Eine junge Frau mit Rosen

im Haar stellte sich vor:

35 „Ich heiße Juno und

das ist mein Bruder Julius.

Wo ist hier der Badesee?"

Als nächste Reisende zwängte sich

eine dicke Bäuerin aus dem Wagen.

40 Sie hatte einen großen Sonnenhut auf und sagte:

„Ich heiße Augusta und hoffe auf reiche Ernte."

Jetzt stieg ein Maler aus.

Mühsam holte er seine schweren Koffer heraus

und erklärte: „Viele Farben sind darin.

45 Ich will alle Blätter bunt bemalen."

Dann sprang zuerst ein Hund heraus.

Ihm folgte der Jäger, dem er gehörte.

Über seiner Schulter trug er das Gewehr.

In seiner Tasche hatte er Nüsse, und

50 Weintrauben trug er in der Hand.

„Hatschi!" Ein riesiges Taschentuch

verhüllte die Nase des nächsten Reisenden.

Er brachte einen tüchtigen Schnupfen mit.

Zuletzt kletterte ein altes Mütterlein

55 aus der Kutsche.

Sie trug im Arm einen Blumentopf

mit einem kleinen Tannenbäumchen.

„Das wächst noch!", sagte sie.

„Es hat ja noch ein ganzes Jahr Zeit!"

60 Nachdem alle ihren Namen genannt hatten,

erklärte der Wächter: „Alles in Ordnung! Alle dürfen in die Stadt.

Aber die Ausweise behalten wir hier, bis jeder wieder abreist.

Dann bekommt jeder seinen Pass zurück, aber mit einem Eintrag,

wie gut oder schlecht er sich benommen hat."

Nach Hans Christian Andersen

Winterbild

1 Ich male ein Bild,
ein schönes Bild,
ich male mir den Winter.
Weiß ist das Land,
5 schwarz ist der Baum,
grau ist der Himmel dahinter.

Sonst ist da nichts,
da ist nirgends was,
da ist weit und breit nichts zu sehen.
10 Nur auf dem Baum,
auf dem schwarzen Baum
hocken zwei schwarze Krähen.
Aber die Krähen,
was tun die zwei,
15 was tun die zwei auf den Zweigen?
Sie sitzen dort
und fliegen nicht fort.
Sie frieren nur und schweigen.

Wer mein Bild besieht,
20 wie's da Winter ist,
wird den Winter durch
und durch spüren.
Der zieht einen dicken Pullover an
vor lauter Zittern und Frieren.

Josef Guggenmos

Frühling

1 Eines Morgens
ist der Frühling da.
Die Mutter sagt,
sie riecht ihn in der Luft.

5 Pit sieht den Frühling.
An den Sträuchern im Garten
sind hellgrüne Tupfen.

Anja hört den Frühling.
Neben ihr, auf dem Dach,
10 singen die Vögel.

Unten vor dem Haus
steigt Vater in sein Auto.
Er fühlt den Frühling.
Die Sonne scheint warm
15 auf sein Gesicht.

Aber schmecken
kann man den Frühling
noch nicht.
Bis die Erdbeeren reif sind,
20 dauert es noch lange.

Christine Nöstlinger

Zwölf Ostereier

1 Der Osterhase hat über Nacht
zwölf Ostereier in unsern Garten gebracht.
Eins legte er unter die Rasenbank,
drei zwischen das grüne Efeugerank,
5 vier lagen im Hyazinthenbeet,
drei, wo die weiße Narzisse steht,
eins weit oben auf dem Ast.
Da hat sicher die Katze mit angefasst!

Carl Ferdinand van Vleuten

Ein Osterhase

1 Ein
Osterhase
sah hinter einem
parkenden Auto auf
5 der Landstraße das rote
Dreieck stehen. „Ei, ei!", sagte
der Osterhase. „Unterstehe dich!",
rief das Dreieck. „Rühr mich nicht an! Was
bleibt von mir übrig, wenn du ..." „Ein Dreck!",
10 sagte der Osterhase, nahm das Ei und ging davon.

Mira Lobe

Zum Muttertag

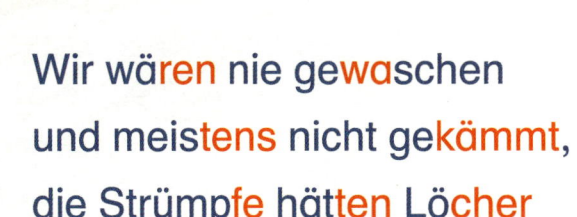

1　Wir wären nie gewaschen
　　und meistens nicht gekämmt,
　　die Strümpfe hätten Löcher
　　und schmutzig wär' das Hemd.

5　Wir äßen Fisch mit Honig
　　und Blumenkohl mit Zimt,
　　wenn du nicht täglich sorgtest,
　　dass alles klappt und stimmt.

　　Wir hätten nasse Füße
10　und Zähne schwarz wie Ruß
　　und bis zu beiden Ohren
　　die Haut voll Pflaumenmus.

　　Wir könnten auch nicht schlafen,
　　wenn du nicht noch mal kämst
15　und uns, bevor wir träumen,
　　in deine Arme nähmst.

　　Und trotzdem! Sind wir alle
　　auch manchmal eine Last:
　　Was wärst du ohne Kinder?
20　Sei froh, dass du uns hast.

Eva Rechlin

Sommer

1 Weißt du, wie der Sommer riecht?
Nach Birnen und nach Nelken,
nach Äpfeln und Vergissmeinnicht,
die in der Sonne welken,
5 nach heißem Sand und kühlem See
und nassen Badehosen,
nach Wasserball und Sonnencrem',
nach Straßenstaub und Rosen.

Weißt du, wie der Sommer schmeckt?
10 Nach gelben Aprikosen
und Walderdbeeren, halb versteckt
zwischen Gras und Moosen,
nach Himbeereis, Vanilleeis
und Eis aus Schokolade,
15 nach Sauerklee vom Wiesenrand
und Brauselimonade.

Weißt du, wie der Sommer klingt?
Nach einer Flötenweise,
die durch die Mittagsstille dringt,
20 ein Vogel zwitschert leise,
dumpf fällt ein Apfel in das Gras,
ein Wind rauscht in den Bäumen,
ein Kind lacht hell, dann schweigt es schnell
und möchte lieber träumen.

Ilse Kleberger

Wenn ein Löwe in die Schule geht, S. 158

Lesetipp 9 – Gedichte laut sprechen

Lies jedes Gedicht laut. Erst dann bemerkst du deutlich, wie es klingt und was es sagen will.

1. Bildet Gruppen und lest euch die Strophen gegenseitig vor. Findet heraus, wo die Reimwörter stecken.

2. Schreibt eigene Strophen darüber, was eine Katze, ein Hund oder ein anderes Tier lernt, wenn es in die Schule geht.

Der Herbst steht auf der Leiter, S. 159

Lesetipp 10 – Auswendiglernen

Sprich immer laut mit, wenn du ein Gedicht auswendig lernst.
Schreibe dir in jeder Zeile eine Erinnerungshilfe auf,
z. B. das erste und das letzte Wort (= Reimwort).
Du kannst auch etwas dazu malen.
Verdecke mit einem Blatt immer mehr deiner Hilfen,
bis du alles auswendig kannst.

1. Lerne das Gedicht auswendig.

2. Tragt es in der Klasse vor. Wechselt euch nach jeder Strophe ab.

3. Male ein Bild von einem Herbstbaum, der sich allmählich verfärbt.

Der Wind vor dem Richter, S. 160

1. Lest den Text mit verteilten Rollen.

2. Findet die Reimwörter.

3. Spielt die Szene mit verteilten Rollen.

Sankt Martin ritt durch Schnee und Wind, S. 161

1. Bildet Gruppen und verteilt die Strophen. Lest eure Strophe und überlegt, wie man sie ohne Worte darstellen kann.

2. Lest das Gedicht in der Klasse vor und spielt die Szene pantomimisch.

3. Bewertet die Vorträge und wählt die drei besten Gruppen aus.

Sankt Martin ritt durch Schnee und Wind, S. 161 *(Fortsetzung)*

4. „Sankt Martin ritt durch Schnee und Eis" ist auch ein Lied.
   Singt es gemeinsam.

5. Wer war Sankt Martin? Schaut in der Bücherei oder im Internet nach.

Nikolauslegende, S. 162

1. Bildet Gruppen. Lest gemeinsam den Text.

2. Erzählt nach, was in der Nikolauslegende passiert.

3. Du hast jetzt zehn Lesetipps kennengelernt (siehe Seite 6).
   Welche haben dir bei diesem Text geholfen?

Nikolausgedicht, S. 163

1. Was verspricht das Kind dem Nikolaus?

2. Schreibe das Gedicht um zu einem Nikolausbrief.

Bayerisches Weihnachtsgedicht, S. 164

1. Wie beschreibt der Erzähler die Weihnachtszeit?

2. Was ist in der Weihnachtszeit für dich wichtig?

3. Trage dieses oder ein anderes Weihnachtsgedicht im Dialekt vor.

Wer kommt zur Weihnachtszeit?, S. 165

1. Welcher Weihnachtsgestalt bist du schon begegnet? Erzähle davon.

2. In Europa gibt es noch weitere Weihnachtsgestalten.
   Informiere dich im Lexikon oder im Internet.

Die Zwölf mit der Post, S. 166 – 168

1. Wer sind die Zwölf mit der Post? Woran erkennst du sie?

2. Macht aus dem Text ein kleines Theaterspiel. Ein Sprecher erzählt,
   die anderen Personen verkleiden sich und treten nacheinander auf.

„Winterbild", „Frühling" und „Sommer" S. 169, 170, 173

1. Erzähle, was in dem Gedicht geschieht.

2. Was sieht und hört der Erzähler, was fühlt, riecht oder schmeckt er
   im Winter (… im Frühling … im Sommer)?

„Winterbild", „Frühling" und „Sommer", S. 169, 170, 173 (Fortsetzung)

3. Male ein Bild zum Gedicht.

4. Was gefällt dir besonders gut an dieser Jahreszeit?

Ostern, S. 171

1. Hast du beim Ostereiersuchen schon einmal etwas Lustiges erlebt?

2. Gestalte ein farbiges Osterei nur mit dem Wort „Ei".

Zum Muttertag, S. 172

1. Wofür danken die Kinder ihrer Mutter? Wofür möchtest du danken?

2. Wenn dir das Gedicht gefällt, fertige ein Schmuckblatt davon an und trage es am Muttertag vor.

Zusatzaufgaben

1. Gestaltet ein Klassenplakat zum Thema Gedichte.
   Erklärt darauf wichtige Begriffe:
   • Was ist eine Strophe?
   • Was ist ein Reim?
   Schreibt euer Lieblingsgedicht dazu oder schreibt selbst Gedichte, z. B. ein Elfchen.

2. In diesem Kapitel kommen viele verschiedene Gedichte vor.
   Welches hat dir am besten gefallen und warum?
   Denke auch an die Gedichte in den anderen Kapiteln.

3. Das Kapitel heißt „Gedichte und Feste im Jahreskreis".
   Um welche Feste geht es in diesem Kapitel?
   Welche Feste und Feiertage kennst du?

 4. Feierst du mit deiner Familie noch andere Feste?
   Wann im Jahr sind sie? Erzähle.

Zungenbrecher

Sprecht einen dieser Zungenbrecher dreimal ohne Pause und ohne Fehler. Wer ist am schnellsten?

*Der Flugplatzspatz nahm auf dem Flugplatz Platz.
Auf dem Flugplatz nahm der Flugplatzspatz Platz.*

In Ulm und um Ulm und um Ulm herum wachsen viele Ulmen.

Zehn zahme Ziegen zogen zehn Zentner Zucker zum Zoo.

Quellenverzeichnis

Hans Christian Andersen   Die Zwölf mit der Post. Aus: Rowohlt Verlag 1974

Elke Bräunling   Jule und der Wunderstein. Von: elkeskindergeschichten.blog.de
© Elke Bräunling 2013

Irmela Brender   Ich bin ich. Aus: Gedichte für Anfänger. © Rowohlt Verlag 1980
Kartengrüße aus den Ferien. Aus: War einmal ein Lama in Alabama.
© Verlag Friedrich Oetinger 2001

Oskar Dreher   Der Wind vor dem Richter. Aus: Jojo Lesebuch. © Cornelsen Verlag 2006

Ecki   Ohne Worte: Der Lindwurm, Gute Freunde, Die Rettung. © Ecki 2014

Carl Ferdinand van Vleuthen   Zwölf Ostereier. Aus: Droemer Verlag 1990

Cornelia Funke   Das beste Fundstück. Aus: Strandgeschichten.
© Löwe Verlag Bindlach 1999

Josef Guggenmos   König Watzmann. Aus: Hausbuch – Sagen und Schwänke.
© Verlag Carl Ueberreuter 2007
Winterbild. © Josef Guggenmos

Peter Hacks   Der Herbst steht auf der Leiter. © Peter Hacks

Becca Heddle   Joshi, der Steinmetz. © Oxford Press 2011 / Mildenberger Verlag 2013

Franz Josef Huainigg   Meine Füße sind der Rollstuhl. © Franz Josef Huainigg

Werner Halle   Gemüseball. Aus: Bilder und Gedichte für Kinder.
© Westermann Verlag 1971

Gottfried Herold   Klassenspiegel. Aus: ABC und Tintenklecks. © Reclam Verlag 2013

Friedl Hofbauer   Was ist eine Wiese? Aus: ABC und Tintenklecks. © Reclam Verlag 2013
Wenn ein Löwe in die Schule geht. © Friedl Hofbauer

Dimiter Inkiow   Die Torte. Aus: Ich und meine Schwester Klara.
© Erika Klopp-Verlag 2004

Ilse Kleberger   Sommer. © Ilse Kleberger

Rosemarie Künzler-Behncke   Kai will nicht zum Kaufmann gehen. Aus: Meine liebe Fibel.
© Kamp Verlag Bochum 1972

Selma Lagerlöf   Nils Holgersson. Aus: Nils Holgerssons wunderbare Reise durch
Schweden. © Cecilie Dressler Verlag 1991

Mira Lobe   Ein Osterhase. Aus: Das Osterbuch. © Oldenbourg München 1999

Christine Nöstlinger   Frühling. © Christine Nöstlinger 1972
Worüber der Franz unzufrieden ist. Aus: Fernsehgeschichten vom Franz.
© Verlag Friedrich Oetinger 1994
Wie Franz das Piepsen besiegte. Aus: Allerhand vom Franz.
© Verlag Friedrich Oetinger 1991

Eva Rechlin   Zum Muttertag. Aus: Glück und Segen. © Mosaik Verlag München 1964

Renate Welsh   Nina und das Gänseblümchen. © Renate Welsh

**Weltgesundheitsorganisation
(WHO)**   Statistik zu Hunger und Armut in Indien. Von: www.who.org. 2011

Klaus-Peter Wolf   Der Ritt durch die Wüste. Aus: Leselöwen Computergeschichten.
© Loewe Verlag 2000

Ursula Wölfel   Die Geschichte vom Schmetterling.
Aus: Siebenundzwanzig Suppengeschichten. © Ellermann 2002